【増補改訂】
情報システム化投資の定量評価

Real Options Analysis of FinTech Strategy
―Real Optionsで読み解くFinTech金融戦略論―

Katsuto AOKI
青木克人 著

時潮社

まりちゃんへ
あなたの愛
すべてへの感謝とともに

Real Options Analysis of FinTech Strategy
Katsuto AOKI
Jichosha, Tokyo, 2019
ISBN978-4-7888-0736-5

増補改訂版
まえがき

　本書の旧版が出版されてからちょうど7年、増刷こそ行われなかったが、大手書店の店頭やネット書店、Amazon.com等で新刊としての販売が継続されている。

　この7年間に本邦金融業界をめぐる経営環境も、それを支えるIT業界も、著者の注力する自然災害リスクも高いボラティリティでダイナミックに変化を続けている。一方で本邦金融業界自身の動きは十年一日のごとくリスク回避的かつ保守的に映る。旧版で当時の最新トピックとして取り上げたクラウドコンピューティングはいまだにごく一部の金融機関がグループウェア等の非常に限られた領域で活用しているにすぎず、マイクロソフト社のOSサポートをめぐる2025年問題が目前に迫っているにもかかわらず、その有効な解決策と目されるクラウドコンピューティングに対して"動かざること山の如し"である。

　我が国は世界有数の自然災害大国（京都大学防災研究所〔2011〕）であるが、日本にとどまらず、「世界が認識する重大リスク」も2008年から2018年に至る間に、「経済」から「環境」に移っている（図1）。2018年の日本は記録的豪

図1　世界が認識する重大リスク

	2008年		2018年
1位	資産価格の崩壊	⇒	大量破壊兵器
2位	グローバル化の停滞（先進国）		☆異常気象
3位	中国経済の減速		☆自然災害
4位	原油・ガス価格の高騰		☆気候変動対策の失敗
5位	パンデミック		☆水危機

出所：世界経済フォーラム「グローバルリスク報告書2018」

雪・低温で幕を開け、大阪北部地震、平成30年7月豪雨（西日本豪雨）（日本気象学会〔2018〕）、記録的猛暑、第21号・25号他の多くの台風による被害と、

自然災害が連続するなか、北海道胆振東部地震ではブラックアウトのため全道の金融機関のATMが一時的にすべて停止する等、旧版で提示した地震に対するBCPも徹底しているとは認めがたい状況にある。

　旧版は著者として初の書籍の出版であったため、学術性を重視し、タイトルにはリアル・オプションとも自然災害リスクとも明記されていないが、高校3年の5月まで地球物理学科を志望していた著者は、家庭の事情で経済学部へ針路を変更した後も、1994年に、気象予報士第2回試験にて一度の受験で合格（気象庁長官登録番号第644号）し、新卒で1990年に入社したのが大手損害保険会社であったこともあり、"本丸"は今でも自然災害リスクにある。旧版にも盛り込まれているそのエッセンスは、本書にてさらに強化されている。

　そして2018年、上述のとおり、大きな自然災害が発生するなか、金融界のみならず、この国全体としてあらゆる分野のリスクマネジメントが脆弱であることをあらためて認識させられたことが、このタイミングでの改訂を行なおうと考えるきっかけとなった。

　それでは内容をどうするか。著者には旧版刊行以来7年間にわたる研究の蓄積がある。そこであらためて旧版を読み返してみたところ、刊行から7年が経過した現在でも、そこで取り扱われているテーマは本邦金融業界にとり、新規性と有用性を維持しているとの確信に至った。加えて表現を改めるべきと思われる部分が多数認識された。

　さらに経済学の著作である以上、そこで使われている統計データの更新の必要性について熟考を重ねた。結論として、旧版が出版されたタイミングは本邦金融機関の経営戦略の歴史的転換点を切り取った内容となっており、現在でも十分に通用するインプリケーションを有すること、そして、それが本邦金融機関経営史の重要な1ページを占めうるものであるとの思いに至り、当時の統計をそのまま使用することとした。

　現在の重要課題であるFinTechについては冒頭に取り上げた。日本はFinTechの制度化では世界をリードしつつあったが、2018年に入ってからCoin

Checkの件で一気に立ち停まってしまった。しかし、このままFinTechの停滞が続けば本邦金融業界、ひいては日本経済全体の発展が遅延する可能性が高い。第5部の各事例は、そのまま全てFinTechに置き換えて理解可能である。

　FinTechへの考察に加え本書では、経営上のオプションからのリアル・オプションの識別のための手法としてProfit Zone、バランスト・スコアカードのKPI算出の手法としてのActivity Based Costingという2つの理論的枠組みの追加に加え、個人の住宅選好にかかわるファイナンシャルプランニング、気象リスクの織込、M&A戦略の3つのリアル・オプションケース分析を追加し、最新の金融機関経営戦略論の体系を提示することができたと自負している。

　著者の仮説では、災害大国日本に住みながら日本人のリスクマネジメントが脆弱であることの原因の一つとして「諺の盲信」がある。「百聞は一見に如かず」「論より証拠」は製造業の現場等では一定の有用性があるかもしれないが、将来のリスクに備えるためには、正しく用いない限り無用であるばかりか、有害ですらある。未来を現時点で「一見」することは不可能であり、未来の災害の「証拠」を現時点で提示することも不可能である。ところが、「諺」が独り歩きし、個人（たかだか人生百年程度）の記憶のなかで前例のない災害は、歴史や理論がその発生を強く示唆するものであったとしても「想定外」の扱いとされ、東北地方太平洋沖地震における東京電力福島第一原子力発電所の津波によるメルトダウンや2018年台風第21号による関西空港の高潮被害を招来しているという現実から目を背けてはならない。本書においては、この国に特に必要な「リスクリテラシー」というKey Wordを提案、著者の実体験からの考察を加えることにした。

　未来の経済環境、自然災害、FinTechをはじめとする「イノベーションのジレンマ」等、事前には「一見」することも「証拠」を提示することも不可能な状況で、リスクを織り込んだ経営戦略が官民ともに強く求められている。自然災害に限定してみても「ヒント」は活用されないままに放置されている例を多く挙げることができる。兵庫県南部地震（阪神・淡路大震災）発生時

点で地震保険の料率区分は4段階のうち、リスクの高い方から2番目の地域を中心に被災している。また、2018年西日本豪雨において、倉敷市真備町には「大雨に関する特別警報」が発令されていて「命を守る行動」が呼びかけられていた上、浸水した区域および水深は、「ハザードマップ」と寸分違わない内容であった。2018年台風第21号は上陸2日前から「最大瞬間風速60m/s」「高潮3m」への警戒が呼び掛けられ、関西空港周辺でほぼその通りの事態となった。東北地方の太平洋沿岸では、「貞観地震」（西暦869〔貞観11〕年）の史実および地質学的痕跡が存在した（国立天文台〔2018〕）。浅学な著者ですら、こうした例を挙げることができる。人生百年や貞観地震からの1200年は、地球にとって、ヒトの「脈拍」の間隔程度でしかない。歴史や理論を、「一見」も「証拠」も事前に提示されなくても受け入れられない限り、同じ過ちは繰り返されるであろう。金融機関の経営にとっても、「目に見える」自然災害を題材に、さまざまな「リスク」についてきちんとリソースを割いて判断することのトレーニングを行うことは有用であると思われる。

　本邦金融機関、それを支えるIT業界、さらには規制・監督当局の方々が、著者が7年前に旧版で提示したリスクマネジメントに関する課題がほとんど改善されていないという認識を、ほんの少しでもお持ちいただくことができたなら望外の幸せである。

　金融業界の一連の業界再編の中、現在は多くの地方銀行が取り組んでいる（相原〔2017〕、西日本シティ銀行〔2013〕他）M&Aについて付言すると、ふくおかファイナンシャルグループと十八銀行の前向きな経営統合に3年もの間"待った"をかけるこの国に付ける薬を思い浮かべることができない。時は無限ではないことが、「時間」の関数として金利やリスク量を計算する金融機関関係者にとっても自明の理ではないとすれば憂慮すべき事態である。

目　次

増補改訂版まえがき……………………………………………………………3

はじめに……………………………………………………………………13

序 ……………………………………………………………………17
　問題の所在　17
　本書の視点　20
　全体構成　21

第1部　FinTechの衝撃
　はじめに……………………………………………………………………25
　第1章　FinTech概観 ……………………………………………………27
　第2章　Real OptionsとFinTech ………………………………………32
　第3章　日本の中小企業向け金融サービスとFinTech ………………35
　小　括………………………………………………………………………44

第2部　FinTech～本邦金融機関の「リスクリテラシー」の課題～
　はじめに……………………………………………………………………47
　第1章　本邦金融機関・ITベンダーの実情 …………………………48
　　第1節　大手銀行「ワークスタイルやオフィスインフラを変えないと生産性が上がらないというのか！」（2011年）　48
　　第2節　大手損害保険会社「パソコンなんて"おもちゃ"だ！」（1998年）　50
　　第3節　外資系大手ITベンダー「生保に存在しないシステムを損保が実現しているはずがない！」（2001年）　51
　　小　括　52
　第2章　「リスクリテラシー」と諺「百聞は一見に如かず」………54
　第3章　「知識・スキル」＝「結果の一見できないもの」の軽視 …56
　　はじめに　56
　　第1節　新しい分野への対応の明暗「気象予報士」　56
　　第2節　有名無実な昇格規準　57
　　小　括　57
　まとめ………………………………………………………………………58

第3部　IT投資の定量評価／定性評価の先行研究

はじめに ……………………………………………………………………61
第1章　定量評価と定性評価 ……………………………………………63
　第1節　インフォメーションエコノミクス（IE）　63
　第2節　ネット・プレゼント・バリュー（NPV）／ディスカウント・キャッシュ・フロー（DCF）　64
　第3節　バランスト・スコアカード（BSC）　64
　第4節　アクティビティ・ベイスト・コスティング（ABC）　66
第2章　企業群、業種等における評価 …………………………………70
第3章　IT投資の定量評価の重要性 ……………………………………71
第4章　IT投資評価の実証に関する検討 ………………………………73

第4部　IT投資評価への定量的手法の導入

はじめに ……………………………………………………………………77
第1章　バランスト・スコアカード──IT投資効果の定量化 ………79
　第1節　IT投資効果評価の現状　79
　第2節　バランスト・スコアカードの手法である戦略マップによるIT投資効果定量化　80
第2章　リアル・オプション──IT投資効果の不確実性／意思決定の自由度の評価 ……………………………………………………………85
　第1節　NPVとリアル・オプション　85
　第2節　リアル・オプションのIT投資効果評価への導入　93
　第3節　リアル・オプションにおけるドリフト項推定の課題整理　95
第3章　投資額と投資効果のリスクを加味した四項格子モデルの提案　100
　第1節　IT投資額のリスク評価の重要性　100
　第2節　IT投資効果の二項ツリーとIT投資額の二項ツリーを統合した四項ツリーによるIT投資評価モデルの提案　101
第4章　ゲーム理論──競合相手の行動の自社IT投資効果に与える影響の評価 ………………………………………………………………106
　第1節　ゲーム理論の基本的フレームワーク　106
　第2節　リアル・オプションにおけるゲーム理論の先行研究　108
　第3節　ゲーム理論のIT投資効果評価への導入　110
第5章　The Profit Zoneを活用したReal Optionsの識別方法の検討 ……………………………………………………………………111
　第1節　背　景　111

第2節　本章の構成　111
　　第3節　プロフィット・ゾーンとリアルオプション　112
　　第4節　リアルオプションにおけるプロフィット・ゾーンの活用の意義　122
　　小 括　123
　第6章　各手法を統合した戦略的IT投資定量評価モデルの提案 ……124

第5部　業種別Real Optionsケースの策定

　はじめに ……………………………………………………………………129
　第1章　金融機関 …………………………………………………………130
　　第1節　銀行（Ⅰ）──「法人融資業務支援システムの導入による収益拡大における拡張オプション事例」　130
　　第2節　銀行（Ⅱ）「ファイナンシャル・プランニング──「住宅所有と賃借の経済性比較への一考察」──リアルオプションの観点より──」　135
　　第3節　証券会社（Ⅰ）──「オンライン証券会社におけるSTP導入における延期オプション事例；投資費用のリスクを織り込んだ四項ツリーアプローチ」　145
　　第4節　証券会社（Ⅱ）──「クラウドコンピューティングへの考察」　151
　　第5節　証券会社（Ⅲ）──「気象リスクと意思決定─リアルオプション適用の可能性の考察」──　162
　　第6節　生命保険会社（Ⅰ）──「新契約イメージワークフロー導入におけるコスト削減の拡張オプション事例」　171
　　第7節　損害保険会社（Ⅰ）──「自動車保険のインターネット更改による更改率向上；延期オプションと、複占市場を想定したゲーム理論による仮想事例」　176
　　第8節　損害保険会社（Ⅱ）──「首都圏直下型地震（文部科学省〔2006〕）を睨んだコールセンターの耐震補強及びホットスタンバイ体制の確立──プットオプション事例」　186
　　第9節　損害保険会社（Ⅲ）──「損害保険業界M&Aのリアルオプションとしての考察」　189
　第2章　事業会社（補論）………………………………………………………199
　　第1節　製造業（Ⅰ）──「需要予測支援システム導入によるコスト削減及び収益拡大の拡張オプション事例」　199

本書の貢献と課題 ………………………………………………………………205
増補改訂版あとがき ……………………………………………………………209
【追録】Facebook "Libra" に関する短報 ……………………………………214
　参考文献一覧 ……………………………………………………………218

　　　　　　　　　　　　　　　　　　　　　　　装幀　比賀祐介

【増補改訂】
情報システム化投資の定量評価
―Real Optionsで読み解くFinTech金融戦略論―

はじめに

　IT投資を含む組織の設備投資の意思決定は、重要な経営課題であることは論を待たないが、事業戦略を支える戦略的IT投資を、いつ、どのように実施すると最大の効果を生むのかというIT経営戦略について、明確な指針となるフレームワークや、参考となる事例は存在するのであろうか。この疑問に対する答えは"否"であろう。特定の組織内におけるIT投資に視点を当てる際、そもそもそのIT投資の投資効果及び投資額から算出すべき「定量評価」を投資の事前及び事後に予測／測定することなく、明確な指針など立てようがないと考える。本書は、そこに視点を当て、「戦略的IT投資評価フレームワーク」を提示するとともに、そのフレームワークを銀行、証券、生保、損保、製造業の事例へ適用した事例集を提供することをもって貢献しようとするものである。

　本書は5部構成とし、第1部においては喫緊の課題であるFinTechにつきReal Optionsの観点から考察、第2部においては、「リスクリテラシー」の必要性を提案、第3部においてはIT投資評価における先行研究を検討し、第4部においてはIT投資定量評価のための手法を既存研究、本書による提案を含め検討し、「戦略的IT投資定量評価フレームワーク」として提案している。第5部においては第4部において検討したフレームワークを、収益構造等の異なる業種別の仮想事例に適用している。

　第3部では、第1章において、IT投資評価の主要先行研究を定量評価のみのものと定性評価を含むものに分類、本書では「収益向上」「コスト削減」による定量評価とする方向性を示している。また、定量評価の手法として、NPV（ネット・プレゼント・バリュー）、BSC（バランスト・スコア・カード）、ABC（アクティビティ・ベイスト・コスティング）を挙げ、特に本書において重要な役割を果たすBSCについて重点を置いている。一方、第2章において、

IT投資評価先行研究のもう１つの分類として、個別組織の特定のIT投資評価に対して、企業群、業種、経済全体への効果をマクロ的視点から検討する先行研究を挙げているが、本書は個別企業等の意思決定の参考に供するとの趣旨より、個別組織の特定のIT投資評価を対象とするという方向性を示している。

　第４部では、はじめに本書で対象とするIT投資を「戦略的IT投資」に絞り込んだ上で、第１章において、BSCの「戦略マップ」による投資効果の定量化、第２章において、リアル・オプションによる投資効果への不確実性の織り込み、第３章において、四項格子によるIT投資額の不確実性の評価の提案を、第４章においては、寡占業界における競合相手の行動の自社IT投資効果に与える影響をゲーム理論を用いて評価、第５章ではProfit Zoneを用いたReal Optionsの識別を検討、第６章では、第１～５章での検討を踏まえ、「戦略的IT投資評価フレームワーク」を提案している。このフレームワークにおいて、IT投資評価は投資効果から投資額を減ずることにより定量的に求められる。また、投資効果にも投資額にも各々リスクが存在し、これを予め織り込むことを、各手法を用いて明示している。

　第５部においては、地方銀行の法人融資業務支援システム導入における拡張オプション事例、個人の住宅選好におけるオプションの整理、オンライン証券会社におけるSTP導入における延期オプション事例、生命保険会社における新契約イメージワークフロー導入における拡張オプション事例、損害保険会社における自動車保険のインターネット更改の導入における拡張オプション事例、損害保険業界M&Aのリアルオプションを考察、電気機械製造業における需要予測支援システム導入における延期オプション事例をそれぞれ策定し、意思決定者の視点から、BSCの戦略マップを活用してNPVを算出、各投資のメインとなるリスク変数を想定してリアル・オプションを導入している。さらに、オンライン証券会社の事例においては、IT投資額のリスク評価としてのクラウドコンピューティング、気象リスクの評価を導入、また、損害保険会社の事例では、自社と対称な競争相手を想定、ゲーム理論からの

考察、さらに業界としてのM&Aの考察を加えた上、製造業においてはサプライ・チェーン・マネジメント案についても考察、業種の広さ、戦略的IT投資の選定において、現実の意思決定者の視点に近い適用事例の策定に成功している。

　以上のように、本書は、IT投資定量評価につき先行研究を踏まえた上で、従来活用されていなかった手法のみならず、四項格子、Profit Zoneといった、著者の提案を含め1つのフレームワークに統合して提案し、さらに適用事例を策定することにおいて貢献しようと考えている。

序

問題の所在

　企業等の戦略的IT投資に係る意思決定において、IT投資の定性的効果または、コスト削減等の一部の効果しか評価されていないという現状を問題と考える。つまり、プロジェクトの評価において定量効果で売り上げ増等を訴求することは、タブー視すらされているのではなかろうか。

　この原因として、IT投資の効果の定量化そのものが困難であるという点が最初に挙げられる。確かに、ITへの投資と財務上現れる効果を直接結びつけるものは無いという考え方もあろう。

　この状況につき、戸川・小原〔2003〕はIT部門の観点から『IT投資効果測定における"究極"とも言える間違いが「しょせん、効果測定はできない」という思い込みだ。投資効果測定の本来の目的は、「ITが利用部門の業務にどれだけ貢献しているかをこまめに測り、測定結果を基に業務プロセスとシステムの両面で改善を続け、経営ニーズに応えていくこと」である。しかし内心「できない」と思っているため、「後向きの作業」のイメージがつきまとい、実践を躊躇したり、システムの利用部門に対して自信をもって「やろう」と言えなかったりする。』(p.50)と指摘している。こうした状況のもとでは、利用部門、情報システム部門とも、貴重な人的リソースをIT投資の評価に向けることに対して後ろ向きの対応とならざるを得ない面もあろう。

　また、効果の評価には未来の予測が含まれるため（意図としては将来に期待しても）頑健性の観点から将来を定量的には評価しない、という保守的姿勢があると考えられる。予測の的中率という点では、明日の株価の予測よりは高いが天気予報よりは低い、といったところであろうか。

さらに、大規模情報システム開発投資等においては、投資コストの増加リスクが無視できない。現実にこれは大きな問題となっている（須田〔2003〕他）。

　また、寡占業界等において、競合相手の行動が自社のIT投資効果に与える影響を定性的にも定量的にも評価できないという課題も考えられるであろう。

　さらには昨今のクラウドコンピューティングの勃興により、IT戦略の策定は、様々な戦術という選択肢を増し、複雑なものとなっているうえ、FinTechの登場により、他業界よりの参入もあり、リスクへの取り組みがまさに問われている。

　そして、こうした課題を解決しうる様々な手法は個々に提唱され、先行研究等も存在するが、各業界別の実務者にとり自社の所属する業種を対象とした、各手法を統合して活用した規範となるモデルが所在しないという課題があると考える。前例やマニュアルの存在によって実務者が取り組みへの検討を始めることも十分に可能性のあることであるし、新たな手法も検討する必要がある。

　また、歴史的観点から、銀行業を例に挙げると伊藤〔1999〕(p.13)によれば「競争制限的規制にしばられていたこともあり、同じ業態の銀行が、同じ様な時期に、同じ様な機能を持ったシステムを開発してきた」とあるが、こうした横並びの状態では、各経済主体はそのIT投資を定量的かつ事前に評価する必要性が低かったことが推察される（表1）。

　自社としては業界全体の動きに先んずることも、遅れることもなく、護送船団方式で同じ行動をとればよかったのである（経営情報学会〔2010〕）。

表1 銀行業情報システムの発展経緯

		一次オンライン（昭和40年代）	二次オンライン（昭和50年代）	三次オンライン（昭和60年代）
背景	経営環境	護送船団方式		金融自由化スタート
	経営目標	大衆化	預金量拡大	利益追求
システム	システムの特徴	事務合理化	マーケティング支援	EB（エレクトロニック・バンキング）
	システムの形態	銀行単独システム 障害対策としてのデュプレックスシステム	業界共同システムとの結合 障害対策としてのノンストップシステム	取引先システムとの結合 社会的責任としての連続運転システム
	システムの範囲	営業店記帳事務の一部	営業店記帳事務全般 顧客情報ファイル（CIF）	営業店業務全般 本部業務
施策	サービス場所拡大	全国ネット・サービス	提携他行全店	取引先／一般家庭
	サービス自動化（顧客参加取引）	—	CD、ATM	銀行指定端末
	サービス時間延長	9：00〜15：00	8：45〜18：00	8：00〜21：00 休日
	商品・サービス高付加価値化	公共料金自動引落し（センター・カット）	システム商品	情報提供
	顧客管理（顧客関係の改善）	口座単位	全店全科目名寄せ	セグメンテーション DBマーケティング

出所：伊藤〔1999〕

本書の視点

　本書においては、IT投資の定量評価への適用の可能性はあっても特に金融機関のIT投資評価に関する先行研究の存在しなかった各手法等を検討した上で、後述の通り、多くの手法を統合して利用するモデルを構築、提案し、IT投資効果とIT投資費用の差額としてのIT投資評価の算出方法を提案する。新しい理論や手法の発見も大切であるが、必要性を認めれば新たな手法を開発・導入したうえで既存の手法といかに関連付けて今までになかった活用を検討するか、という視点である。

　具体的には、IT投資の効果測定及び業績目標共有の手法としてBSC（バランスト・スコアカード）、ABC（アクティビティ・ベイスド・コスティング）、IT投資効果の不確実性の織り込みとしてのリアル・オプション、本書での提案であるIT投資効果とIT投資額の2つのリスク変数の評価手法としての四項格子、複占市場における競争相手の行動の自社IT投資効果に与える効果の評価としてのゲーム理論、経営上のオプションからリアルオプションを識別するProfit Zoneを統合し「戦略的IT投資評価フレームワーク」を提案する。

　また、上記のフレームワークを意思決定者、実務者の参考に供し、フレームワークの普及、もって適切なIT投資戦略の普及を目指すべく、銀行、証券、生保、損保、製造業の固有の事業モデルに適応させ、IT投資効果の定量評価のスタンダードと成りうるモデル及び事例を提示し、こうした定量的手法導入の端緒を開くことに本書の主眼を置く。

全体構成

　本書においては5部構成とし、

　第1部において金融機関喫緊の課題であるFinTechにつき考察する。

　第2部においてはFinTechを含む戦略的意思決定に不可欠である「リスクリテラシー」の問題提起を行う。

　第3部において、定性評価、定量評価あるいは産業単位での評価等を含むIT投資評価の先行研究を概観する。

　第4部においては、本書の提案するIT投資の定量評価に有効と思われる前述の各手法を概観した上で、各手法を相互に関連付け、統合したモデルを提案する。

　第5部においては、第4部で提案したモデルの実務における活用の参考とすべく、銀行、証券会社、生命保険会社、損害保険会社といった金融機関各業態を中心に、事業会社である製造業まで含めた、戦略的IT投資定量評価適用事例を提案する。

第1部
FinTechの衝撃

はじめに

「IoT/FinTech」は単なるBuzzWordではなく、「第四次産業革命」にも該当する事態である。製造業にとってのIoT（加藤〔2017〕）、金融業にとってのFinTech（青木〔2017〕他）は日本においても官民挙げて推進される方向である（辻・瀧〔2016〕、日経コンピュータ〔2016〕他）。

以上の状況のもと、主要書店の店頭にはIoTやFinTechの現状や方向性についての啓蒙書、解説書が大量に刊行されている。とりわけFinTechについては金融庁、日銀もセミナー等に積極的に登壇する等、啓蒙活動を精力的に行っている。

FinTechは、範囲・規模ともに急成長を遂げているビジネスモデル（図2）であり、リスクもリターンも大であることが容易に推察される。一方FinTechのリスクに正面から取り組んだ単著はおろか、先行研究も見当たらず、「事業戦略・リスクの評価」のツールであるリアルオプションの貢献する余地は

図2　世界的に、FinTech企業に投資資金が流入

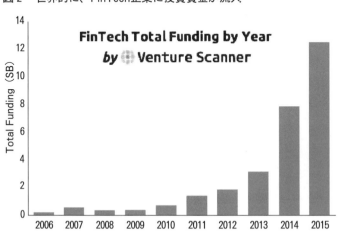

出所：Venture Scanner

25

大であると考えられる。

　第1部においては、FinTechにおいてリアルオプションの貢献し得る領域について提案を行う。

　第1章及び第2章においては本邦の金融機関にとってのFinTech及びReal Optionsについて考察、第3章は、日本の成長のため欠かせない存在である中小企業にとっての金融サービスのためFinTechにできることを検討する。

第 1 章　FinTech概観

本邦におけるFinTechにつき、概観する。

第 1 節　FinTechで何が変わるか

　銀行業務に限定しても表 2 の通りフルバンキングの業務に対して、FinTechスタートアップ企業がラインアップされている。共通点として挙げるべきは、ユーザーインターフェースである。従来のATM／ハイカウンター／ローカウンター等の「実店舗」に替えて、スマートフォン上でほぼ全てのトランザクションを完結することができることが特徴である。また、レンディングのように、「実店舗」と人手だけでは実現しえないようなサービスも実現されている。日本国内のスマートフォンの世帯普及率は2018年 2 月時点で75％に達しており（総務省調査）、共通インフラとして充分認識可能である。

　スマートフォンとフィーチャーフォン（いわゆる「ガラケー」）との違いは、メモリ／CPU／通信速度に加え、Ferica／GPS／三軸加速度センサー／高精細カメラ（含む 2 次元バーコードリーダー）等の高度のハードウェア機能を備え、かつ、OS（基本ソフト）のサプライヤーがApple及びGoogleの事実上の寡占状態であるため、アプリケーション（応用ソフト）の供給者（＝スタートアップ企業）の参入が容易になった点である。また、クラウドコンピューティングが普及し、スタートアップ企業が高価なサーバー等を自前で所有する必要がなくなっている。これらの点が、FinTechを加速している。

　個人のユーザーはスマートフォン上で金融機関等にアクセスし、アプリをダウンロードしたとしても、その画面のデザインや、使い勝手（ユーザーエクスペリエンス→UX）が悪ければ、数秒で他の金融機関を選んでしまう。スマートフォン上で実現されるサービスは、トップシェアにならなければ事実上生き残りは不可能と言われている。

　一方で本邦の伝統的金融機関サイドはオーバーバンキング、ゼロ金利政策

表2　FinTechによって実現される金融の高度化事例

サービス分野	内容	海外の主な企業	日本企業（　）は商品名
融資 (Lending)	Web上で貸し手と借り手を募り、Rating等を実施して融資を実現するサービス。P2Pレンディング、ソーシャルレンディングとも呼ばれ、融資対象は個人、法人。FinTechにおいて現在最も注目される領域と言われている。	Lending Club, Prosper, Kabbage, Affirm	Maneo エクスチェンジコーポレーション（Aqush）クラウドクレジット
決済 (Payments)	スマホ等を利用してクレジットカード決済を行うサービス。伝統的に多くのFinTech企業が参入。一部は既に大企業に成長。近年はBitcoinの技術により既存インフラ刷新を目指す企業も登場。	PayPal, Stripe, Square	LINE Pay, コイニー, メタップス（SPIKE）
個人資産管理 (Personal Finance)	本人の許諾のもとで多くの金融機関の口座情報を集約して活用するアカウントアグリゲーション等により、顧客の資産を分かりやすく管理するサービス。	MX, Mint	マネーフォワード Zaim, マネーフリー
資本性資金調達 (Equity Financing)	資金を必要とするベンチャー企業と個人投資家をマッチングさせて、資本を調達するサービス。IPO投資も可能。	CircleUP, Loyal3	ミュージックセキュリティーズ
個人向けの投資サポート (Retail Investments)	個人投資への助言を完全にソフトウエアだけで行うことにより、安価で提供するサービス。質問に回答することによるポートフォリオの組成。テーマ選択による投資、ビックデータ分析による資産管理も可能。	Motif Investing, Wealthfront, Bettement	お金のデザイン ZUU, あすかぶ！
小規模企業向けサービス (Business Tools)	小規模企業向けに、売掛金・買掛金・固定資産等の管理、請求書作成、給与・税金支払いといった経理、税務等のサポートを行うサービス。	Xero, ZenPayroll, Zenefits	freee, メリービズ
送金 (Remittances)	国際送金やP2P送金等のモバイル送金を低価格で提供するサービス。送金先に銀行口座がない場合も送金可能。外国人による母国への送金手段として注目されている。	XOOM, TransferWise, WorldRemit	―
個人向け金融 (Consumer Banking)	モバイル等と銀行のインターフェースを担当し、モバイル等による銀行サービスを提供。個人に対して使い過ぎ防止等の適時適切なサービスも可能。	Simple, Moven	―

出所：日本銀行

等により収益が圧迫されるなか、高年齢の富裕層等の収益セグメントのためには実店舗・ATM網・外勤要員も一定規模を維持することが必要であり、AI等を活用したコンサルティングのサポート、将来的にはブロックチェーンの活用によりコスト削減を図り、実店舗を維持するコストを捻出する必要にも迫られている。FinTechは収益拡大と共に、コスト削減のためのIT投資機会としての側面も持っている。

第2節　本邦におけるFinTechと課題

　青木〔2011〕にもある通り、特に本邦の金融機関を含む全産業のIT投資は「攻め」というよりコスト削減等を主目的にした、「守り」のIT投資の比率が高い（図3）。

　FinTech投資は上述の通りコスト削減を目的にできる分野もあるが、大半は戦略的にカスタマーエクスペリエンスを向上させたり、レンディングのように従来の枠組みでは実現しえなかったビジネスモデルを実現する戦略的IT投資であり、本邦の伝統的金融機関が決して得意としてきた分野ではない。

　国際的に見れば常に最先端のサービスを提供し続けてきた第一次～第三次

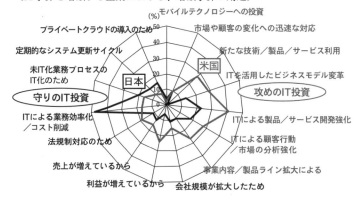

図3　米国と日本企業のIT投資（全産業）
（IT予算を増額する企業における、増額予算の用途）

出典：一般社団法人　電子情報技術産業協会（JEITA）
　　　「ITを活用した経営に対する日米企業の相違分析」調査結果（2013年10月）

のオンライン（表1）も、護送船団式監督体制の下で、横並びに開発されてきたものであり、決して個々の金融機関が独自戦略を描いていたものとは言えない。さらには1990年代以降の金融危機によりそもそも投資余力がなく、先進的かつ大規模な新規システムを開発することなく、伝統的金融機関が経営破綻したり公的資金の導入を受けることになったといった事態を経て、メガバンク・メガ損保等の誕生に至るまでの複数段階のM&A（第5部第1章第9節参照）にて生存を模索せざるを得ず、その過程においては経営意思決定の人的資源及びシステム統合コスト・開発要員を奪われ、「攻めのIT投資」の意思決定を数十年にわたり行ってこなかった経緯がある。近年になってようやくM&Aも一息ついた感があったが、ゼロ金利政策等により、さらなるコスト削減策を求めて、金融グループを越えて資産管理銀行を合併する動きや多くの地銀の経営統合も報じられている。FinTechに求められる「攻めのIT投資」を米国並みに実行する投資余力及び人的資源に乏しい点が課題である。

　こうしたなかでも当局はリテール顧客の利便性向上／ホールセール顧客である企業の生産性向上へのキラーコンテンツとしてFinTechを位置づけ、推進しようとしている（図4）。ここで鍵になるのは、従来より本邦伝統的金融機関のメインフレームを担ってきたITベンダーが、いかにStartUp企業との「仲」を取り持つかであると考える。日本においてもエコシステムを築くべきとの論調が強いが、その例としてたびたび挙げられるシリコンバレーにおいては、StartUp企業を育てるためのエコシステムが存在するのであって、そこには伝統的金融機関も、伝統的金融機関をあたかも「メインバンク」のように支え続けるITベンダーも存在しない。本邦金融機関に相応しいエコシステムを育てることが可能なのは証券・地銀等の共同センター等を含めて伝統的金融機関を支えてきたITベンダーとなろう。

　また、FinTechはまさに「イノベーションのジレンマ」であるという見方も可能である。クリステンセンがこの概念を世に知らしめた（Christensen〔2003〕）ので、伝統的金融機関は過去の事例に学ぶことが可能となった点は注

第 1 章　FinTech概観

図 4　アクションプランの全体像

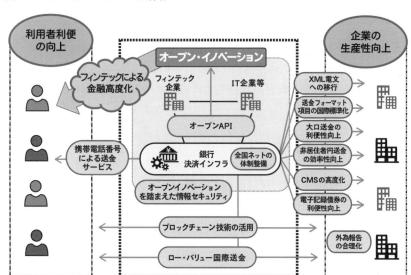

出所：金融庁

目に値する。協業の相手としてのみではなく、破壊者としての側面も目に見えているFinTechとどう向き合うかは伝統的金融機関にとり大きな課題である。2017年 1 月23日の時点でもMerton（2017）において、FinTechには「信頼」が不足しており、「信頼」のなき例として（口頭で）『スマートフォンに膝の具合が悪いと相談したら、AIは「切断しろ」と回答するだろう、だから私はAI（FinTech）ではなく信頼できる医者に行くのだ』（英文を著者和訳）とFinTechの未熟性を指摘した（ノーベル経済学賞受賞者として、気の効いたJOKEだったとも考えられるが、Audienceはほとんど日本人であり、「真に受ける」可能性が高い）が、現実は医学がAIや機械学習を使って最適な治療法や薬の化学式を導出する段階にきており、FinTechは「信頼」に足る成果を示し始めている。このことを認識しないことが、まさに「イノベーションのジレンマ」であり、本邦金融機関の課題とも言えよう。

第2章　Real OptionsとFinTech

　それでは、こうした状況で、FinTech各プレイヤーの保有し得るリアルオプションにはどのようなものが存在するのであろうか（リアルオプションについては第3部第2章にて詳述）。

第1節　伝統的金融機関

　伝統的金融機関はまず、FinTechに「参入」するオプションを保有することが考えられる。そのための投資は、ブロックチェーンの導入であり、財務アプリケーション等に対するAPIの公開であったり、これから発明されるであろうさまざまな技術・サービスへの「参入」オプションを保有することが考えられる。その主たる投資効果については当面図2で挙げられるような分野での収益拡大効果が考えられるが、本邦の伝統的金融機関がこうした「攻めのIT投資」を得意としていない点は上述した通りである。その点で、リスクを定量化し、オプションを明確化するリアルオプションのフレームワークの貢献する余地は大であると考える。また、コスト削減を意図して行うFinTech投資についても同様のオプションが存在し得る。

　さらに、「参入」にリスク回避的な立場を前提とするのであれば、小さく始めて拡大するという「拡大」オプションや撤退する「撤退」オプションについても適合する。

第2節　スタートアップ企業

　スタートアップ企業にとっては自らが投資家から急成長を求められる立場にあるため、「拡大」オプションを必要とするであろう。また、タッグを組むべき本邦金融機関は情報提供／実験／小規模プロジェクト等において提携したとしても永続的に自社と取引できるかは不確実なため、タッグを組む本邦金融機関、またはそのメインITベンダーを変更する、「スイッチング」オ

プションの確保が必要となるであろう。

第3節　伝統的金融機関のメインITベンダー

上述の通り、本邦の伝統的金融機関にとってITベンダーは融資における「メインバンク」のような役割を演じてきているため、FinTechにおいても相応の立ち位置が求められる。リアルオプションの観点では、伝統的金融機関と共に、またはその参謀役として、FinTech企業を「スイッチ」するオプションが重要であろう。ここに本邦におけるFinTechのエコシステム形成の鍵が存在すると考える。

第4節　リアルオプションからの提言「FinTech支店」

上述の通り本邦金融機関は戦略的IT投資を得意としているとは言えない。しかし、まさに「イノベーションのジレンマ」の「破壊者」に見えるFinTechの波は押し寄せてきている。一方でパブリックブロックチェーンのような社外で実装されているシステムに、伝統的金融機関の心臓部である勘定系システム等を実装することには抵抗があると考えられる。こうしたまさに「ジレンマ」の打開策として、FinTechへの「参入オプション」「拡大オプション」としてWeb上に「FinTech支店」の開設を提案する。

FinTech支店には実通貨の勘定元帳と暗号資産の勘定元帳を各々別個のプライベートブロックチェーンで実装する。実通貨と暗号資産は容易に時価で交換可能とする。プライベートブロックチェーンにて実装することにより、従来の勘定系に比べて飛躍的に安いコストで預金業務、決済業務を実装することが可能となる。

また、暗号資産は各種ポイントとの親和性も高いことから、各種クロスセルも容易となる。決済業務自体はいかに低コストであっても高収益の実現は困難であるが、FinTech支店に滞留した資金を保険／投信／年金等の収益商品へのクロスセルに向けることが可能となる。そうしたクロスセルには、より高度化されたロボアドバイザーの実装も有効になることが想定される。

このようにFinTech支店は「参入オプション」として低コストで従来の本邦金融機関の支店では実現できなかったFinTechサービスを実装することが可能であり、ブロックチェーンやロボアドバイザーを社内の他のシステム・サービスに展開する「スイッチングオプション」、他の支店や商品に展開する「拡大オプション」等を有していると考えられる。個々のサービスをスタートアップ企業と組んでFinTech対応するのではなく、社内にフルバンキングに近い商品ラインアップで構築することは、本邦の伝統的金融機関の経営風土にもマッチする。図5に構成例（案）を示す。

図5　FinTech支店システム構成例（案）（他のシステムは略記）

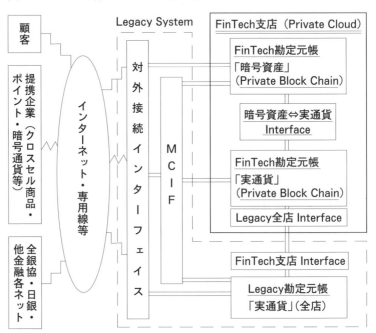

出所：著者作成

第3章　日本の中小企業向け金融サービスとFinTech

はじめに

中小企業の経営活性化への処方箋―「中小企業のためのFinTech金融ワンストップサービスチャネル」の提案―

　現在わが国では中小企業が銀行、証券、保険といった各サービスをワンストップで受けることは不可能であり、情報流／金流の非効率、取引コスト等が発生し、中小企業は最適な金融サービスを受けていない。日本の特に地方の中小企業の再生のため、FinTechで実現するワンストップサービスチャネルの導入を提案する。

第1節　課題認識

（1）現行の金融機関とそのサービスチャネル

　現在の日本の金融機関（根拠法規等によらず、実態としての分類）とそのサービスチャネルには下記①～④のような業態がある（相沢〔2007〕、貝塚〔2002〕第1章他）。④の保険業で店頭における販売／サービスが一般的でない点を除き、各機関とも、（a）店頭、（b）営業職員・代理店等の人的チャネル、（c）ダイレクトチャネルを揃えてはいるが、①～④の業態をまたがる取扱機関は、①の店頭における③投信④保険の窓販、③証券業における④変額年金窓販等に限定されている。

　①預金取扱機関（銀行、信託銀行、信用金庫、信用組合、ゆうちょ銀行、農協等）
　販売／サービスチャネルとしては店頭、外勤職員、ダイレクトチャネル（コールセンター、インターネット等）が挙げられる。
　②融資専業機関（ノンバンク、リース、商工金融等）
　販売／サービスチャネルとしては店頭、外勤職員、ダイレクトチャネルが

挙げられる。

③証券業（証券会社）

販売／サービスチャネルとしては店頭、外勤職員（証券外務員）、ダイレクトチャネルが挙げられる。

④保険（生保、損保、各種共済、少額短期保険、その他保険（貿易保険、農業保険等））

販売／サービスチャネルとしては営業職員、代理店、ダイレクトチャネルが挙げられる。

（2）中小企業にとり顕在的または潜在的に必要なサービス

中小企業が必要とする金融サービスは、顕在化しているもの、潜在的に需要があると考えられるものを含め、①〜④の業態に存在する。

①主として預金取扱機関によるサービス

顕在化しているものとしては融資、当座預金、手形・小切手帳の発行等、各種決済等がある。また、預金取扱機関は中小企業にとり最も身近な金融機関であると考えられるため、②③④の金融機関のサービスの内、事業資金の調達・運用、リスクヘッジ等に必要なものは、潜在需要と考えられる（②：リース等、③：エクイティファイナンス、事業安定の各種デリバティブ、④：事業リスクを担保する各種保険・従業員の福利厚生（401k、労災保険等））。

②主として融資専業機関によるサービス

顕在化しているものとしては事業資金融資、機械設備／什器備品のリース等がある。また、関連した潜在需要があると考えられるものとしては融資に関連する保証／信用機能（①・④等）、事業リスクを担保する各商品（天候デリバティブ、利益保険等→①・③・④等）がある。

③主として証券会社によるサービス

顕在化しているものとしては資産運用、事業資金調達等がある。また、関連した潜在需要があると考えられるものとしては、事業リスクの各種リスクヘッジ（天候デリバティブ／利益保険等→①・④等）がある。

④主として保険会社によるサービス

顕在化しているものとしては、各種事業リスクの担保、従業員の福利厚生等がある。また、関連した潜在需要があると考えられるものには、事業安定化資金調達（融資、リース、エクイティファイナンス→①②③）、各種リスクヘッジ（保険・デリバティブ等→①③）が挙げられる。

（3）日本の中小企業への金融サービス提供の現状

（1）・（2）より、日本の金融サービスは、①〜④の各業態が各々フルラインのチャネル（店頭、職員、ダイレクトチャネル）をもち、各業態間で一部を除き独立した商品を取り扱っており、結果として、中小企業は、その経営課題（事業資金の確保、リスクヘッジ、決済事務の効率化等）に対し、①の預金取扱機関を中心に、②〜④との取引をしながら、最低限のニーズを満たしているというのが現状ではなかろうか。

（4）中小企業にとっての問題点

①〜④の多数の業態が、互いに一部似ている機能の商品を、店頭、職員、ダイレクトチャネルといった複数の選択肢で販売するようになった結果、中小企業は、適切な業態／商品／チャネルの選択の機会は増えたが、特に大企業と違い中小企業は、金融サービスを検討、選択する担当者の数も限られていることから、①の預金取扱機関にそのほとんどを依存し、②③④についても①の情報に依存していることが考えられる。ところが、預金取扱機関として、中小企業に対し、制度上も実質上も、②〜④の金融商品の案内／仲介をする能力は持ち合わせないため、結果として中小企業にとっては①〜④の金融機関のもてるサービスを最大限に享受できない、つまり事業資金の確保／リスクヘッジ／決済事務の効率化等に対し、①の得意分野以外の部分の経営課題解決が手薄になることが考えられる。

(5) 金融機関にとっての問題点

（4）で述べた通り、中小企業が金融サービスによる経営効率の改善を最大化できないということは、とりも直さず金融機関の顧客たる中小企業マーケットを拡大できないという問題を発生させる。また、金融機関にとっての中小企業ビジネスの収益性という観点からは、顧客中小企業の事業状況を把握するための情報が充分得られないことを意味するため、融資金利／オプションプレミアム／保険料率／各種手数料等の金融サービスの"対価"を適正に算出できないといった状況が生じ、結果として、過大な対価による顧客の排除や、過小な対価による金融機関の損失の拡大といった問題を生じる可能性がある。

(6) 全体最適の観点からの問題点

（4）・（5）で述べたことを、金融機関／中小企業を俯瞰して概括すると、「中小企業が利用する金融機関が①預金取扱機関に偏在しているため、中小企業に関する情報は①に偏在する一方、②〜④に対しても中小企業から提供する必要があるが、①に対する情報ほど②〜④へは提供されない経営情報がほとんどである。一方、①からみると、中小企業から得られる経営／リスクに関する情報の中で、②〜④の情報から得られる部分も重要と思われるが、現状ほとんど得られていない。」と整理される。これは、中小企業の①に対する選好と、①〜④が独立していることにより、情報流が効率化されていないことを意味する。中小企業から①〜④まで同様な情報を提供する部分があるにも関わらず、全て別途の提供になる、という「情報流の重複」と、中小企業が選好する①預金取扱機関では中小企業が②〜④に対し提供している情報の全てをつかんでいない（②に対する余、③に対する余、④に対する余も同様）ことによる「情報流の偏在」である。

第2節　FinTechで実現する「中小企業のための金融ワンストップサービスチャネル」

第1節（6）で述べた問題は、単純に「全金融サービスを提供する金融機

図6　金融ワンストップサービスチャネル

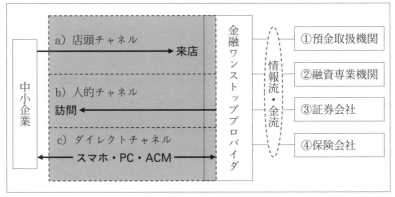

出所：著者作成

関」が誕生すれば解決されるが、金融業態間のリスク遮断の規制問題等で現実的で無いため、中小企業と①〜④の業態を仲介する「中小企業のための金融ワンストップサービスチャネル」を提案する（図6）。

（1）「中小企業のための金融ワンストップサービスチャネル」とは

人的チャネル（FP／AGENT等）、ダイレクトチャネル（インターネット／コールセンター等）を活用して、中小企業が一カ所へのアクセスで①〜④の全ての金融サービスを受けることができるチャネルであり、中小企業の顧客情報、①〜④の商品・サービスの情報を全て取り扱う（情報流）。また、決済機能を持ち、中小企業と金融機関間、及び①〜④の金融機関間の資金移転（Sweep）機能（金流）を持つ（例：支払い保険金の融資返済直接充当等）。

（2）解決される課題

情報流・金流の効率化により、金融機関の中小企業に対するサービスの対価たる金利／オプションプレミアム／保険料率等が適正に算出されることにより、中小企業／金融機関双方の経営が改善される。また、中小企業の金融機関に対する取引コストが低下することによる経営改善も期待される。さら

に、金融機関は最終的に商品／サービスの「製造元」になることで、販売コストを大幅に合理化することが可能となる。そして、ワンストップでサービスを提供することで必要な金融サービスの抜け／重複を回避できる。

（3）「中小企業のための金融ワンストップサービスチャネル」の実現方法

ワンストップで①〜④のサービスを提供することの可能な「ワンストッププロバイダ」をいずれかの金融機関等が創設する必要がある。

「ワンストッププロバイダ」には3形態が想定される。

（a）店頭チャネルにおける実現

①〜④のいずれかの店頭で全サービスを実現する。

（b）人的チャネルによる実現

営業職員、FP等が①〜④の全サービスを実現する。

（c）ダイレクトチャネルによる実現

いずれも、①〜④の共同コールセンター、インターネットサイト／スマホアプリ等で実現、ワンストッププロバイダが上記3チャネルにて、中小企業のニーズにマッチした金融サービスを提供する。特にFinTechによりスマートフォン・タブレット端末上で実現することが期待される。

以下、（a）〜（c）につき検討を加える。

（a）店頭における実現

①〜④の全ての金融機関のサービスをある金融機関の店頭で実現するには、現行法規の延長で考えると、「販売代理」「窓口販売」等が考えられるため、ワンストップサービスプロバイダには、必要なインフラとして、店頭における、全金融商品のノウハウを擁する販売員（または組織）や各金融機関の販売、金融機関間の情報流、金流を司る決済システムが必要と想定される。特に店頭チャネルの充実している①の預金取扱機関にとっては、来店指向の中小企業に対し、有効なサービスを提供できる可能性がある。

(b) 人的チャネルによる実現

　「中小企業のための金融ワンストップサービスチャネル」を人的チャネルで実現するためには、(1) で述べたサービスを具現するための人的資源の確保が必要となる。①～④の金融機関の商品、顧客たる中小企業の経営課題を知悉するスキルに加え、「情報流」「金流」の取扱、つまり、①～④の業務の一部を代行する権限を与える必要がある。現在①～④の店頭／営業職員／代理店等は①～④につき、断片的なスキルを保有していると考えられる。また、ＦＰについては、①～④の商品知識は豊富な場合もあるが、それに加え事務処理／決済等の取扱代行権限が必要となる。必要なインフラとしては、①～④の金融機関と人的チャネルとの間の情報流／金流を司るインフラや、こうした人的チャネルの制度（権限、認定、育成等の観点）、さらには人的チャネルを支援するシステムが想定される。特に、中小企業の多くは金融機関の職員の来訪を選好すると考えられるため、そうした中小企業への「金融ワンストップチャネル」が訪問によりサービスを提供することは中小企業のみならず、①～④の金融機関にとっても取引費用の低減を実現することが考えられる。

(c) ダイレクトチャネルによる実現

　ダイレクトチャネルには、コールセンター、インターネット／スマートフォン等を想定するが、技術動向等より、コールセンターとインターネット等を統合したサービスも想定され、同等または補完するものとする。また、ＡＣＭ（Automated Consulting Machine）等もこの範疇とする。必要なインフラとしては、コールセンター／インターネット等共に、アクセスする顧客がワンストップで金融サービスを提供可能な①～④の商品や、顧客情報流、金流を司るインフラ、堅牢な顧客認証システム等が想定される。昨今の若年層の起業家等に対し、ダイレクトチャネルへのアレルギーも無く、(4)・(5) よりさらに効率的な適用が可能と考えられる。

　また、FinTechにより、インフラの個人マーケットへの流用も容易と考え

られる点にも注目すべきである。
　普及の進んでいるACMは低コストで店頭並のサービス拠点を拡大可能であり、選択肢の一つである。
　こうしたダイレクトチャネルは、24時間×365日／即時サービス導入等が他の方式より容易である点も重要である。

（4）3つの実現形態の比較と組み合わせ

　日本国内での、顧客の指向と利便性の観点から検討する。
　（a）の店頭における実現は、中小企業が車で移動する必要の少ない大都市及び地方の預金取扱機関等で、中小企業が公共交通機関で来店するチャネルが適している。また、店頭であることから、複数の要員によるノウハウの分担等も容易であり、中小企業の中でも比較的規模の大きな企業の対応も可能と考えられる。
　（b）の人的チャネルにおける実現は、中小企業が車で移動する、または、移動せずにチャネルからの来訪を受ける指向の多いと思われる、地方都市、郡部等で有効と考えられる。一方、基本的には一人で①〜④のノウハウを全て適用することから、対象を比較的小規模の企業とするか、または、IT等による人的チャネルへのサポート体制の充実等が重要になると考えられる。
　（c）のダイレクトチャネルは、24時間即時対応等が取りやすい。また、その性質上、比較的単純な金融サービスを提供できる中小企業に対しては有効であると考えられる。一方、経営者の高齢化が進み、後継者難の傾向のある中小企業においては「ダイレクトチャネルで金融サービス」という組み合わせが普及しにくく、若年層からの導入が現実的と考えられる。
　いずれの中小企業にとっても、経営課題や必要な金融商品／サービスの即時性等により、3つの実現形態を選択できるような「金融ワンストップサービスチャネル」の「体系」が整備されることが理想であろう。

（5）実現への課題

　①〜④全ての金融機関のサービスをある金融機関、あるチャネルで実現することには、解決すべき課題が山積している。それは顧客情報の①〜④の金融機関をまたぐ取扱で、資金の①〜④をまたぐ取扱であり、「情報流」「金流」の自由化、即ち規制緩和やリスクマネジメント／プライバシー・セキュリティーの問題、さらには、実質的に①〜④の商品サービスを網羅する高度な人材の育成の問題であるが、基本的には、日本の「金融機関全体」として、「中小企業のため」「金融機関自身のため」「金融サービスを提供する」「チャネルを」「いかにリエンジニアリングできるか」という一点から発していると考える。チャネルとはまさに、金融機関の顧客である中小企業へサービスを提供するために存在する、サービスの原点であり、FinTechはこれを強力に後押しすることが期待される。

小 括

　日本でFinTechへの取組が官民ともに加速度的に拡大を始めたのは2016年頃であり、まだ数年しか経っていないが、主要金融機関は軒並み何等かのFinTech対応のプレスリリースを複数行っている。さらに、これからまだまだ多くの技術やアイデアによりさまざまなサービスが生まれることが期待される。

　また、日本経済全体の均衡ある発展のため、特に地方の中小企業を支援するワンストップサービスチャネルの実現は急を要するテーマであり、FinTechがこれを後押しする好機が到来している。

　一方で、クラウドコンピューティングがそうであるように、FinTechも本邦の伝統的金融機関が勘定系にまで取り込むにはまだまだ時間がかかるように見える。本邦金融機関の事業リスクへの低い対応能力、リスク回避的姿勢が透けて見えるが、FinTechに関して戦略的IT投資を推進する必要には迫られており、そこにリアルオプションの貢献できる可能性は大であると考える。

第2部
FinTech～本邦金融機関の「リスクリテラシー」の課題～

はじめに

　第2部では、FinTechの勃興に直面する本邦金融機関の課題として「リスクリテラシー」の観点から考察を加える。「リスクリテラシー」は著者の造語であり、字義通り「リスクを読み解き判断、行動する能力」であるが、さまざまなリスク商品を取り扱う金融機関の商品・サービスそのもののリスクを対象とするのではなく、経営戦略・経営戦術上のリスクある意思決定を対象とする。

　本邦金融機関は長い間、旧大蔵省の「護送船団方式」経営を強いられた間、商品・サービス・価格等が横並びであり、戦略的意思決定を行なわない時代が続いた。預金金利、保険料率、各種手数料、営業時間等が全社同一で、広告も著しく規制されていた。その後、バブル崩壊、金融ビッグバン、自由化、業態間相互参入等の激動を経たが、各金融機関の経営戦略決定権を握る経営層は、若くても完全横並び世代の1980年代以前に入社し、そうした横並び経営下の企業文化に適応し経営者にまで昇格した層である。この経営層が現在重用している店部長や課支社長といった、より若い世代も、そうした「横並び」意識に支配された「保守的」な人材で固められているといっても過言ではなかろう。

　こうした組織文化で、FinTechがもたらす商品・サービス・販売チャネルの激変と、他業種からの参入にいかに対処すべきかは、本邦金融機関の死命を決するものであろう。3メガバンクが暗号資産の実証実験や人員削減等を発表しているが、はたしてこの程度の取り組みで生き残ることができるのか。また、預金取扱機関全体としても地銀、信金、信組に至るまで「動き」を見せているようには見えない。

　第2部では、以下、著者が本邦金融機関、大手ITベンダーで実際に聞いた「言葉」に象徴される「リスクリテラシー」の低さを炙り出し、なぜそのような「言葉」が発せられるのか、日本人の国民性に踏み込んで考察を加える。

第1章　本邦金融機関・ITベンダーの実情

　著者は大手銀行および大手損害保険会社で各々ビジネス部門およびシステム部門の両方を、外資系大手ITベンダーで金融機関向け経営・ITコンサルティングを30年近くのキャリアの大半で経験してきた。その間、金融機関はバブル崩壊、自由化、M&Aといった大きな変動を経験し、業務を支える情報システムもメインフレーム⇒クライアントサーバー⇒パソコン⇒タブレット／スマートフォンへと大きく変化、外部リソースの活用もアウトソーシングからクラウドコンピューティングへと激動の時代を経験した。その30年近くの間に、きわめて象徴的ともいえる「リスクリテラシー」の低い、変化への抵抗とも受け取れる発言が鮮明に記憶されている。言葉も衝撃的で、耳を疑うものであるが、なぜそうした発言となるのかという「背景」、そして、それらは現在FinTechに直面している本邦金融機関にどのような教訓となりうるのか。目の前にある「リスク」、見て見ぬふりをしようとしている、恐れているものは何かを考察する。

第1節　大手銀行「ワークスタイルやオフィスインフラを変えないと生産性が上がらないというのか！」(2011年)

　日本のホワイトカラーの生産性は先進国中でも低いといわれる。そのなかでも大手銀行の生産性の低さは出色であると思われる。「ワークスタイル」とは自宅やサテライトオフィス、出先や移動中でも事務処理はもとより、会議や打ち合わせ等の「コミュニケーション」も可能にするような変革を、オフィスインフラは、「紙」を極力排除した会議や事務処理といったビジネスプロセスの変革を支えるような、フリーアドレス、モバイル／ワイヤレス端末の配備、TV会議システム・プロジェクターや無線LANを常備した会議室、打ち合わせスペース、テーブル等や、逆に一人で集中して執務可能な机等をイメージしていた。これを裏返すと現状は、定時に決められたオフィスの決

められた机でしか執務ができず、会議のたびに紙の資料を配布するため、ワークフォース（人員）の動線が著しく限定されている。その他、外出先への直行／直帰が非常に限定的であるなど、生産性が低く、また特に「出産・育児」等につき、父親も母親も参画が厳しく現状では女性の社会進出、本格活用の妨げになっている。上記のようなインフラやワークスタイルを実現していると、たとえば、夫婦ともに部長職以上で働きながら子供を3人以上育てる（大手ITベンダー）というライフ・ワーク・バランスや災害時等の業務継続等も実現しうるのである。

　このような状況と、改革の方向性への意識を明確に持ちながら著者は大手銀行のシステム企画部署で、新しく建設中の本社ビルのインフラやワークスタイルを検討し、特に会議での「紙」の使用量の多いシステム開発部署にターゲットを絞った「ペーパーレス会議」の実証実験等を推進していた。このなかで、オフィス内には多人数用のフリーアドレス席や少人数のミーティング席の他に、窓際にカウンターのように並ぶ「一人で集中できる席」を設けることを提案したときに、上司に言われたのが、人事部長の考えを忖度した冒頭の言葉である。

　以下はあくまでも仮説であるが、大手銀行の人事部長ともなれば、ワークスタイルやオフィスインフラによる生産性向上への提案等は、コンサルティング会社、ITベンダー、オフィス家具メーカー等から多数受けているはずである。その上で、本社ビルの新築といった「またとない」機会に先進的なオフィスインフラやワークスタイルへの転換に二の足を踏むのはなぜだろうか。以下、著者の仮説である。

　上司は、自らは窓を背に部下が目の前で働いている事を「監視」しなくては部下を信頼することもできない、自宅やサテライトオフィス、移動中にノートパソコン、タブレット、スマートフォンで仕事ではセキュリティが心配だ…。変化することを「黒船」に例えるなら、FinTechといった低価格での商品・サービスを「異国船打払令」で追い返すといった「現実を受け入れられない」「逃げの」対応である。リスクをきちんと評価しているとは到底考

えられない。大手銀行の人事部長といえば、役員人事にも影響力を行使する権力者である。その権力者がこうした保守的な考えでFinTechへの対応が「はじめに」で挙げた「人員・店舗削減」では、いかに新卒や中途で優秀な人材を採用しても、1970〜80年代入社役員の信任を得ることは困難で、結論として、大手銀行の将来は、全般的な生産性の低さと、新しい技術や社会の要請に応えることができない硬直性により、縮小均衡とならざるを得まい。

第2節　大手損害保険会社「パソコンなんて"おもちゃ"だ！」
（1998年）

　1995年にWindows95が発売され、パソコンが普及し、1998年時点では著者も2台目のパソコンを所有し、自宅でもインターネットに接続、LAN構成するなど普及が始まっていた。一方、企業のシステムはIBM互換機やNEC"ACOS"等のメインフレーム上で、COBOLといった言語を使用しつつも、ダウンサイジングとしてのオフィスコンピュータやクライアント／サーバーシステムの導入も始まっていた。

　著者は大手損害保険会社のシステム部門で職域等の"団体"内で募集した損害保険の毎月の給与からの給与控除（天引き）データを作成するシステムの開発、保守を行なっていた。団体ごとにデータのフォーマットが異なるため、団体の数だけのJOBが毎月走り、さらに、年末調整も必要である。そして、団体が要求する媒体も、紙、M／T（オープンリール、CGMT）、フロッピーディスク（3.5inch、5 inch、8 inch）、直接データ伝送と、新旧のテクノロジーが混在する状況であった。フロッピーディスクの「中身」もIBMやNEC形式ではなく、MS-DOSテキストの比率が高くなりつつあった。

　著者としては、高度情報処理技術者（ネットワークスペシャリスト）を取得するなど、「オープン系ネットワーク」の時代の到来は必然と感じ、伝送やDOS‐テキストデータの作成につき、省力化、システム化の必要性を強く認識していた。そして「団体システム」部署のなかで最も技術力があると尊敬していた上司に相談に行った際に発せられた言葉が上記である。確かに当

時のパソコンでは、MS Officeの操作性も現在より著しく遅く、Wordの立ち上げに１分以上かかる位であった。また、フリーズ等のトラブルも多く、「メインフレーム一本やり」で育ってきた上司の目には「オープン系」の技術や、小型サーバー、パソコン等は"おもちゃ"に見えたかもしれない。然し、である。1998年の時点でTCP/IP前提のインターネットの世界が展望できていたはずであるし、現実に顧客からも、そうした「オープン系」のデータ提供が求められているなかで、"おもちゃ"と切って捨てる根拠が不明である。自社のみの事情を考えても、オープン系技術者の育成は急務であったはずであるし、その上司は「課長」目前の、これからを担う地位にあった。スマートフォン、AI、ブロックチェーンを見て今、何を想っているのだろうか。

あれから20年が経ち、損害保険会社も、テレマティクス型自動車保険や、コネクテッドカー対応を宣伝しているが、商品・サービス・販売チャネルともに、周回遅れを取り戻せるのであろうか？　新技術等、正面から取り組んでいるとは到底考えられない。

第３節　外資系大手ITベンダー「生保に存在しないシステムを損保が実現しているはずがない！」(2001年)

パソコンやインターネットの普及は、企業間（B to B）のシステムにも革命をもたらした。損害保険業界では、特に代理店が保険会社の「代理」として保険契約を締結するため、保険料試算、提案、契約の計上（システム計上）、代理店手数料の精算、成績・手数料といったシステムを統合した損害保険会社と接続する「代理店システム」を各社とも成立させていた。これは、2001年当時は業界標準であった。

著者は当時大手ITベンダーの保険会社向け経営コンサルティング部署に所属し、損害保険会社の合併に伴う合併後のシステム構想を練るため、システムのビルディングロック（大きな塊）をまとめるミーティング中に、「代理店の端末で契約を計上するシステム」を挙げたところ、そのプロジェクト

のマネージャーから発せられたのが冒頭の言葉である。そのミーティングには、私を含め、半数近くの損保出身者が参画していたが、そのマネージャーに気圧されて著者以外誰も反論せず、結局、「代理店システム」という重要なシステムを欠いたアウトプットとなってしまった。

　本件では、何が不都合な結果を生んだのであろうか？　以下、著者の仮説である。「保険」業界には「生保」と「損保」という大きな「溝」がある。「保険」の歴史では、貿易金融に源を発するLloyds「損保」が数百年、生保より長く歴史を刻んでいる。一方で日本国内ではビジネスの大きさから生保の政治力、発言力が強い。年末調整対象保険料は生保は損保の数倍以上である。不可思議なのが広告である。生保会社は「保険」は〇〇生命と訴求するのに対し、損保は「損害保険」「自動車保険」と具体的である。これでは「保険」といえば「生保」と消費者が誤解する恐れがあるし、事実そうなっている。言葉も企業文化も収益構造（三利源（生保）とコンバイントド・レシォ（損保））も異なる。結果としてITベンダー社内にまでも生保と損保の「村」ができており、なぜかやはり「生保」ムラの政治力がここでも「損保」を上回る。上記のマネージャーは当然ながら「生保」ムラの住人である。

　では、これがどうしてFinTechに立ち向かうリスクリテラシーの欠損となるのか。明白であろう。「ムラ」の政治力でアウトプットがゆがめられている。本邦金融機関とITベンダーは切っても切れない関係である。そのITベンダーがこの状況である。リスクとして真に憂慮すべきと考える。このITベンダーの別の営業社員に、「われわれITベンダーには顧客の業務知識は必要ない！」とまで言われたこともある。何をか言わんや、である。

小　括

　上記第1節〜第3節の「発言」は何を表象しているのか。第1節では老齢の経営者が、過去の古いワークスタイルに「しがみつき」、数十年に一度という本社ビルの新築に若い実務担当者や外部の先行事例から学ぶことから目をそらしている。言うならば、自社の効率化、創造性を改善する機会損失とい

う大きなリスクに目を向けようともしない、「リテラシー」以前の問題で、根は深い。第2節も第1節と同じで、自らが歩んできたメインフレームという道に対し「イノベーションのジレンマ」がまさに生じようとしているにもかかわらず、"おもちゃ"扱いにしてしまう。第1節より深刻なのは、発言者の年齢が、30代（当時）と若く、会社のテクノロジーの中枢を担う人物の発言であったためである。第3節は前2者とは異なる問題で、「派閥」の力関係で真実を見失っている。力関係で押し切ることで、対象とする事業の「リスク」への感覚が歪められている。リスクリテラシーは低くならざるを得ない。また第3節は、「生保」と「損保」という派閥の他に、「業務知識」を介して「営業部門」と「コンサルティング部門」の派閥が存在する。個人の問題として誰が評価されようが大勢に影響はないが、組織としての顧客への成果物の品質を下げることは大きな問題であり、顧客のリスクリテラシー、ひいてはFinTechへの対応を最適化する阻害要因となりうる。こうした状況は、長く続いた「護送船団」式経営感覚が、ビックバン後20年を経ても根を張り続け、しかも取引先である大手外資系ITベンダーにまで伝染していることから、リスクリテラシーの改善には並大抵の外力や内力では足りない。金融危機や公的資金導入、度重なるM&Aを経ても「変えられない」状況は絶望的ですらある。

第2章 「リスクリテラシー」と諺「百聞は一見に如かず」

「百聞は一見に如かず」と言い聞かされて育つ日本人。この諺で言い得ていることは多いことに疑念はないが、ここでは失っていることに視点を当てることにする。

まず第一に、この諺は「一見」できない事象を完全に否定している。「リスク」とは未来に生じる可能性であり、当然、現時点で「一見」することはできない。また史実の上でも理論的にも存在が証明されている事象や、将来収益を生む可能性のある企画やアイデア（その源となる知識や判断力等）も結果を「一見」することができない、ただそれだけの理由で軽んじられてしまう。

また、リスクリテラシーについていえば、未来は「一見」することができないので、予測やリスクを織り込んで意思決定など不可能ということになる。リアルオプション等、土俵に上がることもできない。阪神・淡路大震災では地震保険の加入率も低く、「関西では（関東のようには）地震が起きない」という常識にとらわれていたが、地震保険の料率区分では、被災地の大半が当時の4区分中、リスクの高い方から2番目の区分であった。統計的、地学的に相応の地震発生が想定されていたわけであるが「一見」できないために経済的にも土木・建築の上でも防災に不備となった面は否めない。仮に阪神・淡路大震災の前に「関西も地震の危険性が高いですよ」とアラームする官庁なり企業なり個人がいたとしても誰も取り合わなかった可能性が高い。以上のように、日本では「一見」できないものへの評価が低く、資金も人材も集まらない。「一見」できたとしても、20年以上が経過した今、関西ではすでに地震への防災危機感は低いと想定される。

過去の統計に基づいた地震の発生確率ですら、この程度の認識である。未来のリスクに正しく向き合うこと、リスクリテラシーには悲観的にならざるを得ない。FinTechに置き換えて考えると、「システム開発」ではプロトタ

イピング手法等によりリスクを低減することが可能ではある。一方で、いかに海外でさまざまなFinTechの金融サービスが登場、普及しても、本邦の金融機関およびその取引メインITベンダー等が、日本国内でのFinTechの商品サービス・チャネルを「一見」できないといって情報収集のみを行なっていると、永遠に本格投資や、独自の経営戦略を描いて意思決定することは不可能であろう。

　「検証」は当然大切だが、あらかじめ「検証」することは不可能であるという、「百聞は一見に如かず」の限界を認識することが必要となろう。

第3章 「知識・スキル」＝「結果の一見できないもの」の軽視

はじめに

　前章において、「一見」できないがゆえにリスクある未来を正しく評価できない金融機関の視座を論じたが、「リスクリテラシー」の必須条件として、状況を読み解く知識・スキルがある。

　製造業等では機械装置や製品という具体的な「モノ」となりえるが、見えない商品「カネ」を扱う金融機関においては、それを活用する「ヒト」の知識・スキルが重要であろう。著者の経験した大手銀行・大手損保・大手ITベンダーのうち、大手銀行、大手ITベンダーでの「知識・スキルそのものへの評価」(ビジネスへ貢献する以前の問題として)についての実情を挙げて、その問題点を検討する。

第1節　新しい分野への対応の明暗「気象予報士」

　著者は前述の通り高校3年の5月までは、地球物理学を志していた。家庭の事情により経済学部へ進学し、金融界へ進んだが、1994年に気象予報士制度が創設されるや、第2回の試験にて1回の受験で合格した。この比較的新しい国家資格をめぐる銀行とITベンダーの対応があまりにも対照的であった。2000年に大手ITベンダーに入社した際、保有資格をバウチャーとともに報告した。その時点では、そのITベンダーの人事データベースには「気象予報士」という項目はなかったが、「項目を新設して」登録することができた。その後、2006年に大手銀行へ入社した際、同様に登録しようとしたところ、「項目にありませんので登録できません」と返却されてしまったのである。耳を疑った。前職のITベンダーと異なり、その銀行は当時「天候デリバティブ」を販売していたのである。大手銀行は社員に求める知識・スキルを"限定"しすぎるがために新しい技術、マーケット情報に向ける情報に

門戸を閉じてはいないか。上記ITベンダーは、2017年より、24×7（twenty-four by seven）の、ビジネスソリューションとしての気象情報提供サービスを開始している。そこには「人」も介在するが、機械学習（AI）とのハイブリッドサービスである。一方の大手銀行は、調査業務やコンサルティングを売り物にはしているが、いつの間にか天候デリバティブからも撤退している。明暗どころか、「雲泥の差」が着いてしまっている。

第2節　有名無実な昇格規準

　上記ITベンダー（100％外資）では、TOEIC600点が「課長」への昇格のボーダーラインであったが、「課長」以上の職位であっても条件を満たしていない人が過半数であり、新たに「課長」へ昇格する人が基準に満たない例が多く見られた。
　また、上記銀行は職位ごとに、各種資格の取得条件を求めて、昇格については相応に守られていたが、他の銀行と合併する年度のみ、資格の基準を適用しないという例外を設けて、他の基準で昇格運営を行った。
　以上の様な運営の下では、こうしたスキルの獲得に、誰も真剣に取り組まなくなるは当然である。

小　括

　知識・スキルが直接キャッシュフローを生じるわけではないが、金融機関やそれを支えるITベンダーが「必要条件」としての知識・スキルをあまりに軽視している現状を例示した。リスクリテラシーは「一見」できない未来の事象の取扱を伴うものであり、知識・スキル、新しい技術といったものから目をそらしている限り、本邦金融機関はFinTechに蚕食されてしまう運命にある。

まとめ

　若かりし頃、身につけたワークスタイルやオフィス環境、護送船団式経営で横並び意識の強い経営風土から脱却できない経営者の支配下にある大手銀行、技術革新に抵抗し、新しい商品やサービスの提供や合理化の課題を問題視しない中堅社員が屋台骨を支える大手損保、社内の派閥の力関係から顧客への提案内容まで歪められてしまう大手ITベンダー……。著者のキャリア上の経験から「これではFinTechへ正しく取り組むことはできないであろう」と強く印象に残る発言を挙げてみた。企業文化は一朝一夕には変わらないとは言うものの、結局この30年ほどの間、金融界に吹き荒れた「嵐」も、こうした状況を変えることはできなかった。100％外資の大手ITベンダーすらこの呪縛からは逃れられなかった。

　では、この状況に「リアルオプション」が一石を投じることができるとすれば、どのようなことであろうか。やはり「一見」できないものにも視点を当て、リスクをとにかく正面から見て評価しようとする「リスクリテラシー」の重要性を特に金融機関が認識することが必要と考える。「一見」できないものへの視座をもつことは、「リスク」もそうであるが、キャッシュフローの見えにくい「学問」や「企画」「アイデア」「創造性」といったものに対して、より価値を認めるということにもつながる。リスク商品を販売する金融機関のリスクリテラシーに着目するということは「医者の不養生」かも知れないが、正鵠を射るものと信じる。

　リスクをでき得る限り現実に近くモデル化し、正しく評価するという努力に加え、リスクリテラシーの必要性を訴求できるようなケースの作成等やリスク教育も、引き続き強力に推進し、経営学や経営戦略論の教科書の1章を「リアルオプション」が占めるようになれば、本邦のFinTechも正面から取り組まれる…。というのは未来の話で、「今」のFinTechには、本邦金融機関が「リスクリテラシー」を正しく理解することが喫緊の課題であるといっても過言ではなかろう。

第3部
IT投資の定量評価／定性評価の先行研究

はじめに

　IT投資の評価については、「定量効果」に加え、定量化の困難な「定性効果」を共に評価すべきとする見解の先行研究が多い。これは、定性効果として挙げられる効果は定量的表現になじまないか、定量的に表現することが困難であるとの前提で検討されていることが考えられる。

　金融情報システムセンター〔1994〕は、効果「測定」の対象として、定量評価を「経費削減効果」と「収益増大効果」に、定性効果を現在の業務等を支援する効果である「業務支援効果」と将来の業務等に対応する効果である「変革対応効果」に分類した上で、さらに利用者の感性に訴える効果として「人間性効果」を提案している。

　Zimmerman〔1996〕は、IT投資評価は困難であり、普及している手法は、NPV算出手法であるCBA（Cost Benefit Analysis）程度であるとした上で、既に提唱されている他の手法として、"Information Economics (IE)"（後述）、IEの各スコアをexpanded ROI analysis/intangible benefits analysis/intangible risks analysisの3グループに簡素化して顧客に提供する手法である"Oracle CB-90"、戦略策定から実行のプロセス評価を含む"Invest Appraisal Model"、リアル・オプションを活用する"Option Pricing Model"、IT投資とビジネス上の効果は相関しないという観点に立ち、IT投資そのものをfinancial appraisal/risk appraisal/strategic and intangible benefit appraisalの3つの観点から評価する"Prudential Project Appraisal Method"、ITインフラ（基盤）への投資評価を対象としない手法である"Kobler Unit Model"、個別のIT投資ではなく、組織のIT投資全体を管理する手法である"Return-On-Management Model"を紹介している。

　松島〔1999〕は、「経済性評価」の「計量化」を阻害する要因として、数値の恣意性、不確実性、事後検証困難性、インフラ投資の評価困難性、統合化に伴う問題、を挙げている。

岡田〔1999〕は、「情報システムの効果」を「定量的効果（省力化、業務処理、在庫、スペースに分類）」と「定性的効果（競争力、意思決定支援、管理退室、モラル、情報共有に分類）」に分類した上で、情報システム全体としてのライフサイクルの判断、及びサブシステムごとの評価が必要であるとしている。

　櫻井〔2001〕は、「情報システム投資」の「効果」を「基盤整備効果」、「戦略的効果」、「経済的効果」であるとしている。

　谷守〔2002〕は、銀行業に着目した検討の中で、効果については櫻井〔2001〕の分類を引用しながら、経済的効果において、リスクの評価及び戦略的効果を考慮する必要があるとし、前者についてはリアル・オプションを、後者についてはバランスト・スコアカードを考慮すべきと指摘している。

　清嶋〔2003〕は、日本における従業員300人以上の企業1,257社が回答したアンケートにおいて、投資対効果を計るための定量的測定指標や、その前提となる情報化投資額の定義を整備している企業の比率が33.5％にどどまることを指摘した上で、「効果測定を制度化する」、「経営に直結した指標を考える」、「事後の検証を徹底する」、という3つのステップの導入を提案している。

　以上の現状から、情報システムによる経済効果は客観的に測定することが困難な部分が大宗を占めるため、定性効果として評価される部分が発生することになる。そうした場合、客観的には定量効果の部分のみで評価されていることが推測されるため、過小評価されがちであることが推測される。また、そもそも定量評価を実施しない組織の比率が高いことが考えられる。本書では、金融機関及び製造業のIT投資効果を「収益向上」「コスト削減」として定量評価する。

第1章 定量評価と定性評価

現在普及していると思われるIT投資効果評価の手法として下記のようなものが挙げられる。

第1節 インフォメーションエコノミクス (IE)

Parker〔1990〕の提案する、IT投資を10個の指標（スコア）の加重平均により-35～100で評価する指標である（表3）。従来の定量的評価に加え、事業面での評価（戦略的優位、リスク等）、技術面での評価（戦略システム基盤、技術リスク等）を加えているのが特徴である。

表3 Information Economics

ECONOMIC IMPACT	Weight	Max. Score
1. Enhanced ROI determination	10	50
BUSINESS DOMAIN FACTORS		
2. Strategic match	2	10
3. Competitive advantage	2	10
4. Management information	2	10
5. Competitive response	1	5
6. Project or organizational risk	-1	-5
TECHNOLOGY DOMAIN FACTORS		
7. Strategic IS architecture	3	15
8. Definitional uncertainty	-2	-10
9. Technical uncertainty	-2	-10
10. IS infrastructure risk	-2	-10
EVALUATION		
Maximum positive score		100
Maximum negative score		-35

出所：Parker〔1990〕

第2節　ネット・プレゼント・バリュー（NPV）／ディスカウント・キャッシュ・フロー（DCF）

　NPVは投資評価（投資効果−投資額）を、DCFは投資効果を、各々現在価値に割戻した金額であり、IT投資に限らない資本投資評価の通説である。「定量評価が困難なため定性評価とする」、といった場合の「定量評価」とはこのNPVまたはDCFを指す。松島〔1999〕においてIT投資評価についてはこの関係についても紹介した上で、IT投資評価は、定量評価のみでは困難であり、定性評価も併せて検討することが必要としている。

第3節　バランスト・スコアカード（BSC）

　バランスト・スコアカードはKaplan & Norton〔1996〕（吉川訳〔1997〕）によれば「将来の業績向上を導く業績評価指標を併用することにより、過去の業績を評価する財務的業績評価指標を補強する」ものであり「財務的視点、顧客の視点、社内ビジネス・プロセスの視点、学習と成長の視点という4つの視点から企業の業績を見る」(p.29)ものである。また、「各業績評価指標に関する情報を単独でしかも杓子定規に報告するのではなく、複数の業績評価指標の相関関係を測定・評価する」(p.314)ことも挙げている。また、銀行、保険会社等における事例も挙げられている。さらにKaplan & Norton〔2001〕（櫻井監訳〔2001〕）では、業績評価指標間の相関関係を含み戦略を記述する、「戦略マップ」が提案され、Kaplan & Norton〔2004〕（櫻井他訳〔2005〕）において、「戦略マップ」を中心としたフレームワークが提案されるとともに、「戦略目標を数量化しなければ、それは単に意図を消極的に表現したものにすぎない」(p.454)とされており、バランスト・スコアカードが戦略的IT投資という戦略の定量的表現に適していることを示している。以上がバランスト・スコアカードを提唱したKaplan & Nortonによる3部の主要著作である。

　吉川訳〔2000〕はバランスト・スコアカードの事例を中心に紹介している。ベリングポイント〔2003〕は、バランスト・スコアカードの具体的導入手順

を紹介するとともに、製造業を中心に、業績評価指標であるKey Performance Indicatorの事例集を提供している。

Norton〔2001〕では、「BSCという評価指標に関する科学において、また、今日のニュー・エコノミーにおいて、評価指標間の関係こそ、評価指標よりも重要なのである」(p.88) としている。評価指標間の関係については、Harvard Business Review〔2000〕において「利益を得るのは、財務的にプラス効果を生み出せるくらいに顧客への従業員態度に改善が見られた場合だけである」(p.163) とある。また、日経情報ストラテジー〔2005〕でも、「戦略コミュニケーションを促進させるためにBSCがもつ重要な機能は、業績評価指標の間の因果関係を表現する機能」(p.33) としている。

青木〔2004〕では銀行、証券、損害保険会社の戦略的IT投資に戦略マップを適用し、IT投資効果を定量化している。

日経情報ストラテジー〔2004〕では、「非製造業では、財務の視点以外では定量的な指標を立てることで行き詰まることが多い」(p.42) という課題を示している。

小南・谷守〔2005〕は銀行にフォーカスし、戦略マップの機能、作成方法、具体例等を挙げている。IT投資の観点からは、「学習と成長の視点には、従業員のスキルアップやITなどインフラストラクチャー（基盤）に関する戦略目標とKPIが設定される」(p.134) としている。また、「たとえばインターネット取引システムの開発や、コールセンターの新設であれば、営業に直結し収益貢献するように思えるが、社内のイントラネット構築といった戦略目標が、すぐに収益に貢献すると実感しにくい」(p.135) としている。

本書で対象とするIT投資は直接的に「学習と成長の視点」「内部プロセスの視点」「顧客の視点」に影響を与える。この影響度をKPIを用いて測定するが、「財務の視点」に与える影響は、KPIの関数として表現可能と考えられる（後述、先行研究として加藤〔2003〕・〔2004〕、青木〔2004〕・〔2006〕等にて適用）。

また、4つの視点にはそれらを管轄する責任組織が存在するため、多くの場合、戦略マップは、戦略につき組織間での"共通言語"として、戦略目標

の達成の一助ともなる。以上のような理由から、本書においては、バランスト・スコアカードをIT投資効果定量化の手法として採用する。

第4節　アクティビティ・ベイスト・コスティング（ABC）

（1）概要と先行研究

ABCは、ビジネスプロセス等のアクティビティ（活動）単位での費用をコスティング（賦課）する手法であり、主として製造業における製造間接費の配賦を正確に行い、信頼性の高いコスト情報を提供する目的で、1980年代のアメリカで開発されたコスト計算システムである。近年は、金融や、保険といった、非製造業でも導入されるようになった。全てのResource（経営資源）である、営業費用（給料・手当、減価償却費、光熱費、etc.）等を口座開設、入出金、変更届出、といったActivityに配賦、件数等に応じて、管理対象である、商品、顧客等に配賦、収益管理の基礎とする（図7）。

吉川他〔1997〕は銀行、保険、通信業、非営利団体等の実例を挙げて検討している。

図7　ABCのフレームワーク

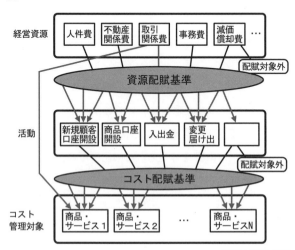

出所：著者作成

吉川〔1999〕は銀行業にフォーカスし、ITコストを含め、ABCの導入方法を含め検討している。

櫻井（編著）〔2002〕はABCを顧客、内部プロセスの視点からBSCを補完する位置付けで体系化を試みている。

櫻井（監修）〔2002〕は銀行の管理会計にフォーカスし、原価計算と収益計算から金利の価格設定（プライシング）を実践する過程においてABCとBSCをその手法として用いている。

(2) 吉川 (1999) における事例

(a) X銀行におけるABC／ABM (Activity Based Management)

現行の原価計算がトップダウン型の業務別総経費（全ての経費を何らかの因果関係で配賦）であり、問題点としては、標準原価が高めに計算される点や、業務改善の効果検証が困難であることから、コスト管理対象を顧客とするABCを導入、ボトムアップ型のアクティビティ・コストの積み上げにより、業務改善の効果算定が可能となったことを挙げている。

(b) ロイヤル・バンク・オブ・スコットランド銀行のABC／ABM

キャッシュ・オペレーション部門（銀行券の発行、イングランド銀行及びロイヤル・ミントとの渉外業務、現金の集配）のコストを顧客／商品単位に管理、収益の出ないキャッシュオペレーションサービスのプロセス見直し、撤退等を考慮する際の係数資料とした。

(3) ABCによるプロセスの定量的評価

すべての経営資源を、活動をもとに配賦し、事務コスト管理、商品サービス収益性評価へ活用することが考えられる（図8、図9）。

図8 商品・サービス別のABCのフレームワーク

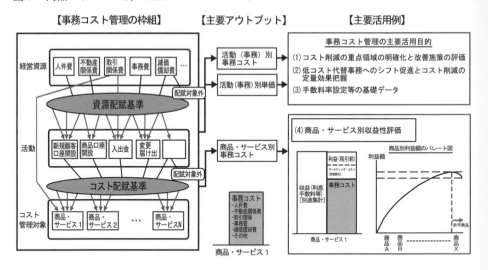

図9 顧客セグメント別のABCのフレームワーク

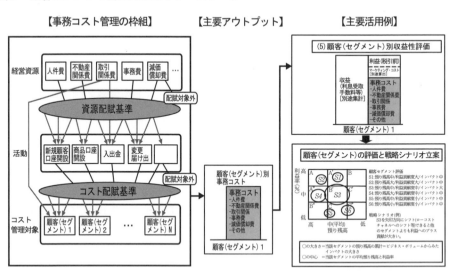

図10 金融機関のIT子会社のABC／ABMのフレームワーク

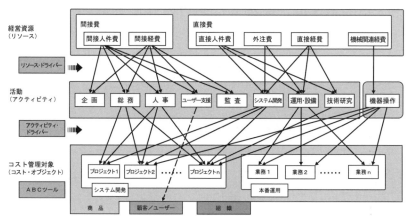

出所：著者作成

（4）コスト配賦の考え方（金融機関のIT子会社の例）

人件費、機器関連経費等の経営資源を活動を基に配賦することにより、業務別、商品別、顧客別、組織別等のコストを把握することが可能となる（図10）。

（5）本書におけるABCの位置付け

本書においては前述の通りBSCを定量化の手法とし、ABCは、財務、顧客、内部プロセス学習と成長の各視点で既に活用され、必要なKPIが算出済みである、という位置付けとする。

第2章 企業群、業種等における評価

　企業群・業種等、個別の経済主体の意思決定評価を目的としないIT投資効果の評価の先行研究については、以下が挙げられる。

　Brynjolfsson〔2004〕（同年CSK編訳）は、米国の主要企業の財務情報のパネルデータから、IT投資額と企業レベル、産業レベルの生産性向上を分析している。IT投資を狭義に解釈、補完的投資（プロセス、人材等の「インタンジブル・アセット」への投資）等がIT投資の効果を左右するとの見解を示した。

　実積〔2005〕はBrynjolfsson同様、IT投資効果を産業全体として捉えるモデルを検討している。また、IT投資効果の評価については、「ITの導入は数量的に把握可能な効果のみならず、様々な質的なアウトプットを生み、併せて大きな外部効果を伴うことが予想される。その場合、生産性や利潤、消費者余剰の増大といった私的効果のみを包含する評価基準でIT投資を論じると社会的な最適解を達成できない。ここでは、テレワークを例にとりITのもたらす外部性を計測してその重要性を指摘した上で、望ましい評価フレームワークのあり方について」(p.21) 検討するとしている。

　本書においては、個別企業、事業部等が意思決定及びその検証を可能とするとの目的から、個別IT投資案件の定量評価を検討対象とする。

第3章　IT投資の定量評価の重要性

（1）金融機関のIT投資の回復

本邦金融機関は、バブル崩壊、経営破綻等の危機的状況からようやく脱却した2003年、日銀短観（2003年6月）（表4）によると、金融機関のソフトウェア投資額（計画）は、前年度の減少（金融機関計で前年比16.4％減）に比べ、好転（同8.3％増）となっていた。

その後も拡大基調は継続し、3年後の日本経済新聞社〔2006〕によると、2006年度の6大銀行グループ（三菱東京UFJ、みずほ・みずほコーポレート、三井住友、りそな・埼玉りそな、住友信託、中央三井信託・三井アセット信託）の情報化投資は前年比26％増が見込まれているし、海外の金融機関も米シティグループ、米JPモルガン・チェース等、情報化投資を拡大しているとしていた。

表4　金融機関のソフトウェア投資

(%)

	前年度〈前年同期〉比						前回調査比修正率				
	2002年度			2003年度			2002年度		2003年度		
		上期	下期	(計画)	上期	下期	(計画)	下期	(計画)	上期	下期
金融機関計	-16.4	-22.2	-11.6	8.3	29.5	-7.6	0.5	3.4	0.0	-0.4	0.3
銀行業計	-24.3	-29.6	-19.3	12.7	40.3	-9.6	2.9	5.4	-2.5	0.2	-5.6
うち都市銀行	-31.0	-38.9	-23.8	14.7	58.4	-17.5	4.6	8.3	-2.8	-0.1	-6.4
地方銀行	-16.0	-20.6	-11.6	22.0	34.4	11.6	-2.4	-4.3	-3.2	2.5	-8.3
地方銀行Ⅱ	-8.3	-27.5	13.6	63.3	2.0倍	35.0	-3.5	-5.9	13.0	10.3	16.1
証券業計	11.4	11.2	11.6	-1.5	6.7	-8.1	2.5	4.6	4.3	4.6	4.1
保険業計	-5.8	-12.8	-1.1	3.2	12.7	-2.3	-6.8	-1.7	5.2	-6.3	14.6

（注）銀行業計には長期信用銀行および信託銀行も含む。
出所：日本銀行、「短観」(http://www.boj.or.jp/stat/tk/tk.htm#0102)

本邦においては安全対策など社会問題化しているリスクを防ぐための投資である生体認証ATM等への対応や、リテール分野を重点として、投資信託などの個人向け新商品の導入が共通している。

（2）IT投資効果の定量評価の重要性
　この様な状況であり、金融機関のIT投資マインドは高まっている。また、"失われた30年"には実行できなかった戦略的課題等、戦略的IT投資で解決されるべき経営課題は多数存在する。

　銀行その他貸出を行う機関は最適なリテールチャネル・商品を、証券会社はSTP対応、保険会社も販売チャネルの効率化等の課題を抱えているし、各金融機関の共通課題としても、新商品開発、バックオフィス事務改革・コスト削減のためのBPR・共同化、顧客管理、収益管理、経営統合に係るIT統合等々、金融機関にはITに関連する経営課題が山積していると言っても過言ではない。IT統合の目途を立ててから経営統合の日程を決めるという金融機関も多い。FinTechへの対応は「生死を分ける」と言っても過言ではない。

　また、自然災害やサイバーテロのリスクが高まる中、BCPについても枢要なIT投資案件となっている。

　つまり、IT投資案件は目白押しであるが、バブル崩壊以前よりはるかに収益性への意識が高まっているため、各々の投資対効果等を定量的に把握することがますます重要になっていると考えられる。また、大規模IT投資は、株主、格付け機関等へのインベスター・リレーション（IR）としても重要な位置を占めている。このように、経営課題の解決に必要なIT投資に関する経営判断を適正に実施するため、IT投資評価を定量的に示し、意思決定者に提示可能となることが重要な課題と考える。

第4章　IT投資評価の実証に関する検討

　企業、特に本書で中心的対象としている金融機関においては、実際のIT投資とその経済効果（営業利益、株価等への貢献）の相関についての先行研究は限られている。鵜飼〔2003〕においては、日本の主要都市銀行、地方銀行へのIT投資額アンケートを4回にわたり実施、回収率が低いことが課題としている。また、日本の銀行の公開データの活用を試みるも、財務諸表への記載のばらつき等により、信頼度は低いとの結論である。IRの観点から、これは課題と言える。実証分析が困難であることを実証している。

　一方、IT投資と経済効果の因果関係については、青木〔2004〕において、バランスト・スコアカードの援用により、より具体的な検討がされている。理想的にはバランスト・スコアカードの各KPIにつき、IT投資前後の追跡調査を行うことが考えられるが、そもそも金融機関が捕捉していない数字を外部から入手することは困難なため、本書においては方法論と仮説を提示することを主眼とする。

第4部
IT投資評価への定量的手法の導入

はじめに

(1) IT投資の分類

IT投資分野については、アンダーセンコンサルティング〔1999〕によると、大きく表5の様な分類が考えられる。「戦略的IT投資」から構成され、ビジネスで新たな価値を創造するための「戦略投資部分」と、「システム保守」「運営費」から構成され、現在動いているシステムを定常的に運用するためのランニングコストと位置づけられる、「定常費用部分」である。

表5 IT投資の分類

戦略投資部分	戦略的IT投資	a. 投資対効果が明確化されているIT投資案件
		b. 業務プロセス、人・組織、ITの統合的改革投資
		c. 全社レベルでの投資意思決定
定常費用部分	システム保守	d. 安定稼働、機能向上、制度変更等のためのシステム改訂コスト
		e. 対売上、収益比率等によって投資枠を部門単位に設定
	運営費	f. システムの運営上必ず発生するコストであり、以下のようなものから構成される ・ハード、ソフトウェア保全コスト ・システム運用コスト ・バグ対応コスト ・年度末対応 ・組織変更対応など

出所：アンダーセンコンサルティング〔1999〕p241より著者作成

(2) 本書で主として検討するIT投資

本書は、IT投資の意思決定を支援することを目的としているため、経営上の柔軟性（オプション）を行使可能なIT投資を対象とする。表5中、経営上のオプションを行使可能な投資は、表の分類上から、「戦略投資部分」に

該当する、a.投資対効果が明確化されているIT投資案件、b.業務プロセス、人・組織、ITの統合的改革投資、c.全社レベルでの投資意思決定を中心に検討する。検討においては、b.c.についても、a.同様、投資対効果の明確化を試みる。d.についてはBCP対応の観点から、戦略的投資と考える。また、e.f.等、潜在的に経営上の柔軟性（オプション）を認めにくいIT投資領域は本書の対象外とする。

第1章　バランスト・スコアカード——IT投資効果の定量化

第1節　IT投資効果評価の現状

　特に金融機関にとっては、また、多くの製造業・サービス業等にとっても、情報技術（IT）は、商品そのものであり、また、販売・サービスチャネルもITの利用が不可欠なものの比率が高まっている。各企業等の増収も、コスト削減も、顧客満足も、BCPも、ITに依存する分野はますます拡大している。そうした中、各機関の社内IT投資は、その効果の定量化が困難な領域であったため、本来は戦略的に経営戦略の一環として投資されるべきところを、コストセンターの扱いとされている場合が多く、戦略的判断の材料が乏しい状況にある。

　特に、意図としては定量的な効果を期待しているが定量化の手段が希薄なため定性効果しか謳えず、IT投資の効果を過小評価されることが多いのではないかと推測される。この点につき、田沢〔2006〕は「多額のIT費用を毎年使いながら、なんら効率化にも収益にも貢献しない、金食い虫のIT、と不満をもつ頭取が多い。同規模の他行と比べて、金をかけすぎていないか、削減の余地はないか、今後、システム投資、年間費用をいくら経営者として覚悟すべきか。」(p.57)と経営トップが自社のIT投資の効果への確信が持てない様を形容している。

　結果として、総額として同じ金額をITに投資したとしても、その投資ポートフォリオは最適化されていない可能性が高いことが推測される。IT投資評価が定量化されていれば、こうした課題が解決され、経営者を含む意思決定者は、より適切な投資意思決定を行うことが可能となる。

第2節　バランスト・スコアカードの手法である戦略マップによるIT投資効果定量化

(1) IT投資とその定量効果の因果関係の検討

　損害保険会社における、自動車保険契約のインターネットによる継続（更改；1年に一度実施される）サービスを例として検討する。通常、自動車保険の更改を行う場合、既存契約情報、その契約に係る事故情報等から更改申込書を作成し、契約者捺印を取り付けた後、それをさらに損害保険代理店を経由して保険会社へ送付、OCR、画面入力等でデータ化した上で保険会社としての更改処理を計上する必要があるが、仮にこれを新しいシステム・プロセスとして、契約者がインターネット（スマートフォン、タブレット端末、パソコン等で直接機械入力することを可能にする）サービスの導入を行うと考え、その経済的な因果関係を検討する。

　①モデルケースにおけるコスト削減効果（図11a）
　当該システムの導入による内部ビジネスプロセス効率向上という、一般的には定性効果として測定される主要業績評価指標（KPI）を1回の自動車保険更改当りのコスト削減という定量効果にて取り扱うよう、以下の検討において、変換する。このIT投資に関するリアル・オプションを検討する際には、定量的効果としての取り扱いを可能とされた通貨にて測定される削減コスト＝z円が原資産Sとなる。

図11a　モデルケースにおけるコスト削減効果

インターネットによる自動車保険契約継続サービスの開始（IT投資）
↓
内部ビジネスプロセス効率向上（定性効果）
↓
販売・サービスチャネルおよびオフィスコストが1回あたりx円×年間y回＝z円削減（定量効果）

出所：青木〔2001〕

②モデルケースにおける増収効果（図11b）

顧客満足度向上という通常は定性効果に分類されるIT投資効果を、保険契約更改率というKPIを設定することにより、保険料増収額という通貨で表現される定量効果への変換を実施する。このIT投資に関するオプションを検討する際には、保険量増収額＝y円が原資産Sとなる。

図11b　モデルケースにおける増収効果

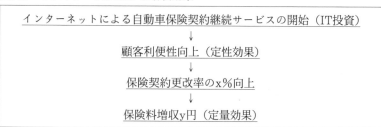

出所：青木〔2001〕

（2）バランスト・スコアカードの戦略マップの導入

図11a、図11bの内容を、より一般的に検討するため、バランスト・スコアカードの戦略マップを活用する。バランスト・スコアカードは、互いに関連の深い「財務の視点」「顧客の視点」「プロセスの視点」「学習と成長の視点」を指標化し、経営管理するアプローチであり、「学習と成長の視点（インフラ・人的資源の視点）」が「プロセスの視点」へ定量的効果を付与し、「プロセスの視点」がさらに「顧客の視点」または「財務の視点」への定量的効果を付与する。ここで「財務の視点」の定量効果は通貨で表現されるものである。さらに「顧客の視点」は通貨で表現される「財務の視点」への定量的効果を与える。各視点の定量的関係はすべてKPIという相互の因果関係を係数（定数）で表現することを想定する。このようにして、各「視点」にKPIを設定、さらにKPI間の因果関係を定数にて表現することで各視点（各視点のKPIには関連する社内の1つまたは複数の部署の業績目標としての位置付けも考えられる）の業績にもIT投資効果発現のスコアリングだけではなく、財務の視点に直結する定量分析を行う。

以上の検討の前提として、IT投資とその投資効果（財務効果）を、バランスト・スコアカードの戦略マップにより関係を可視化する先行研究が複数存在する。戦略マップは可視化することにより、各「視点」の担当部署間の合意形成の際、各担当部署の努力目標やその評価に活用可能であり、また、合意形成プロセスそのものにおいても有用であることが想定される。本書においても、IT投資効果の可視化・定量化の手法として、戦略マップを採用する。

　谷守〔2002〕は銀行業のIT投資にフォーカスし、「IT投資における戦略マップは、そのシステムの目的やねらい、そして顧客に対してどのように価値を提供できるのか、最終的には銀行の収益にどのように結びつくのかというシナリオという意味で描かれる」(p.29)としており、IT投資とその効果の因果関係におけるバランスト・スコアカードの戦略マップの活用の嚆矢となる検討を行っている。また、その効用について、IT投資評価が「IRに利用できるようになる」(p.38)とも加えている。

　青木〔2001〕は損害保険会社の自動車保険更改手続につき、インターネット・サービス導入の増収効果とコスト削減につき定量的表現を実現している。

　加藤〔2003〕は出版社がデジタル出版を開始するにあたってのIT投資効果を戦略マップを活用して定量化している。

　青木〔2004〕は銀行、証券会社、損害保険会社のIT投資案件につき、IT投資効果を戦略マップにより定量化している。

　加藤〔2004〕は企業におけるネットワークへのITセキュリティへの投資のIT投資効果を戦略マップを活用して定量化している。

　青木〔2005〕は生命保険会社のIT投資案件につき、IT投資効果を戦略マップにより定量化している。

　青木〔2006c〕は製造業におけるIT投資案件につき、IT投資効果を戦略マップにより定量化している。

　大串〔2007〕は「BSCにおける4つの視点と指標間の因果関係モデルは、指標化のみならず、利害関係者間で目標を共有するためのツールとして活用できる。投資に対するアカウンタビリティが強く求められる現在、あいまい

図12 戦略マップへのマッピング

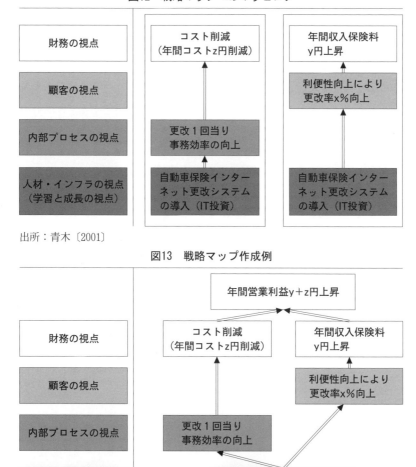

出所：青木〔2001〕

図13 戦略マップ作成例

出所：青木〔2001〕

な指標や、あいまいな費用対効果の因果関係は、もはや経営者のニーズに適合しないからである」としている。

以上の先行研究の手法に則り、図11a、図11bをバランスト・スコアカードの戦略マップに展開・表示する（図12）。

図12においてはIT投資の効果各々を個別に検討するという観点から、個別にマッピングしている。一方、図13に示すとおり、統合された戦略マップは戦略全体を鳥瞰し、さらに各視点でのKPIの因果関係等を一元的に表示するのに適している。

　この手法においては、各視点での効果（KPI）とその因果関係を示す係数のなかからポイントとなる因果関係の重み付け、戦略的に達成する部分の絞込み等が重要なポイントとなる。

第2章　リアル・オプション
——IT投資効果の不確実性／意思決定の自由度の評価

第1節　NPVとリアル・オプション

（1）NPV（ネット・プレゼント・バリュー）

投資効果を定量評価する場合一般的に用いられている手法であり、前述の通り、投資案件の投資後各年次のキャッシュフローを複利で割り引いたものである（Dixit〔1994〕他）。

①NPVの計算式

0年次（現在）における投資額をI_0、n年次におけるキャッシュフローをC_t、割引率をrとすると、次式が成立する。

$$\mathrm{NPV} = \sum_{t=1}^{n} C_t/(1+r)^t - I_0 \quad \cdots\cdots\cdots\cdots\cdots\cdots \langle 1 \rangle$$

②NPVの問題点

NPVは、①で示した通り、現在においてn年次におけるキャッシュフローを定数化して算出されるため、『「オプションプレミアム」あるいは総合的な価値、適合的で戦略的な要素を無視することによって、伝統的（受動的）なNPVはプロジェクトを過小評価する』（Trigeorgis〔1996〕（川口他訳〔2001〕）傾向にあることが問題点として考えられる。

（2）リアル・オプションの導入

①リアル・オプション

リアル・オプションは金融派生商品であるオプション（コール／プット）の価格決定理論を、実物資産に応用したものである（Moore〔2001〕（加藤訳〔2003〕）他。また、オプションとは「物事がどのように展開したかをみた後

で意思決定を行う機会である。意思決定のタイミングで、あるイベントがうまくいっていれば、ある意思決定を行えばよいし、うまくいっていなければ、別の選択肢を選べばよい。これは、オプションの損益線が線形ではないこと、すなわち「意思決定が変われば結果も変わる」ことを意味する（Amram〔1999〕（石原他訳〔2002〕pp.6-7）」。以上の通り、リアル・オプションの導入により、NPV単独での評価とは異なり、将来の意思決定の変化による結果の変化を反映することが可能となる。

②リアル・オプションの意義

リアル・オプションの効用としては、「不確実性は収益機会を生み出す。マネージャーは不確実性を恐れず、むしろそれを歓迎すべきである（Amram〔1999〕（石原他訳〔2002〕p.18））」との表現がある。以上を図14に概念的に示す。

伝統的な見方においては不確実性が増すと、投資の現在価値（NPV）は低下するが、リアル・オプションの見解は、不確実性の増加は現在価値の上昇につながるとしている。

図14　不確実性によって増加する価値

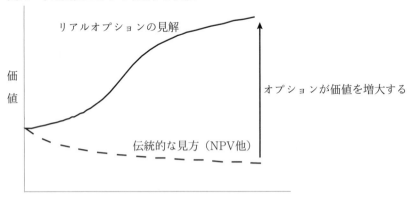

出所：Amram〔1999〕（石原他訳〔2002〕pp.6-7）より著者作成

(3) NPVを中心とする伝統的予測とリアル・オプションの違い

リアル・オプションは、NPVに対し経営上の柔軟性により付加される価値である。また、NPVを中心とする伝統的分析手法は、不確実性が少ない資産価値を対象としていると考える。

リアル・オプション・アプローチは、次々に明らかになる出来事に柔軟に対応するオプションを経営者が識別・使用する場合には不確実性の増大が資産価値の増加につながり得ると考える。

上野〔2005〕では、リアル・オプションの会計的特質と機能につき、「企業の資産ないしプロジェクトの弾力的評価」、「企業価値評価」、「投資意思決定機能」であり、結果として、「リアル・オプション会計は、現在価値会計に比して、より適切な企業価値評価および意思決定が可能となるのであるが、その主要な原因は、その資産評価の弾力性にある」(p.229)としている。

(4) 不確実性の評価について

図15左側 (a) において、不確実性の評価については、現在の投資価値は所与とし、1年後、2年後と時間が経過するに従い、投資価値のとりうる範囲が広がっている。また、2年間の投資価値が正である場合は、「不確実性のコーン」は上を向いている。図15右側 (b) は、2年間の投資価値のとりう

図15　不確実性の分析

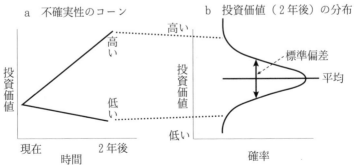

出所：Amram〔1999〕（石原他訳〔2002〕）より著者作成

る値を確率変数として説明している。平均値付近をとる確率が高く、投資価値が平均値より高く（低く）なるに従い、確率が低くなる。

（5）リアル・オプションの種類

リアル・オプションとして想定されるオプションを定型化し分類することにより、議論の具体化に備える。条件付請求権であるオプションのフレームワークを用いて分類する。主要なリアル・オプションの分類を表5に示す。また、表中項目の補足説明を以下①～③に示す。

①固定価格で買う権利（コールオプション）と固定価格で売る権利（プットオプション）
　a）コールオプションに分類されるリアル・オプション
　　　投資の意思決定を保留できるオプションである「延期オプション」、将来の本格的投資の権利を購入し市場が好転した場合の追加投資を可能にする「拡張オプション」等がある。
　b）プットオプションに分類されるリアル・オプション
　　　予想外に事業環境が悪化した場合に事業の規模の縮小を可能にする「縮小オプション」、事業環境が悪化した場合に事業からの撤退を可能にする「撤退オプション」、自然災害等に備えるための「BCPオプション」等がある。

②原資産
オプション価値の測定対象の変数であり、「延期した場合の期待キャッシュフロー（CF）」（延期オプション）、「事業継続に伴う期待キャッシュフロー」（縮小オプション）等が該当する。

③権利行使価格
条件付請求権であるオプションを行使できる原資産価格であり、「投資額」

第2章　リアル・オプション

表6　「リアル・オプション」類別

オプション名	説　明	原資産	権利行使価格	種　類
①延期オプション (Option to Postpone)	投資の意思決定を保留できる経営上のオプション：事業を先延ばしできれば、不確実性が低下するのを待ってから投資判断が可能	PV（プレゼントバリュー）延期した場合の期待CF（キャッシュフロー）	投資額	コール
②拡大オプション (Expand Option)	将来本格的に投資を行う権利を購入しておき、市場状況が良くなったら、新たな投資を追加してプロジェクトを拡大できるオプション	PV（拡大による期待CF）	拡大に必要な投資額	コール
③縮小オプション (Option to Contract)	予想外に事業環境が悪化した場合に事業の規模を縮小できる経営上のオプション	PV（縮小による期待CF減少分）	事業縮小での節約コスト	プット
④撤退オプション (Abandon Option)	事業環境が悪化して、固定費をまかなえないような環境下で事業を撤退することのできる経営上のオプション	PV（継続に伴う期待CF）	事業資産の清算価値	プット
⑤段階オプション (Time to Build Option)	段階的な投資プロジェクトにおいて途中の段階でプロジェクトを放棄できる経営上のオプション	PV（次ステージ期待CF）	次ステージに進むための投資額	コール
⑥転用オプション (Option to transfer)	①製品需要や製品価格の動向によってアウトプット・ミックスを変更できる経営上のオプション②原材料の価格動向により生産材料を柔軟に変更できる経営上のオプション	PV（転用による期待CF増加分）	転用にかかるコスト	コール
⑦事業の一時中断・再開オプション (Shutdown&Restart)	最終製品価格などの下落で変動費がまかなえなくなった場合に事業を一時中断する経営上のオプション	一時中断	PV（事業中断による期待CF）	変動費	プット
	一度中断した事業を再開する経営上のオプション	再開	PV（再開による期待CF）	変動費	コール
⑧キャンセル・オプション（Cancellation Option）	事業環境の悪化などにより受注した製品をキャンセルできる経営上のオプション	PV（受注製品が将来生むCF）	受注金額	プット
⑨市場参入オプション (Market Entry Option)	成長市場への参入意思決定を保留できる経営上のオプション。延期オプションとの違いは、市場に競合他社が参入してくる可能性があること	PV（参入延期時の期待CF）	参入に必要な投資額	コール
⑩BCPオプション (Business Continuity Option)	自然災害等の際の損失を抑えるオプション	PV（オプションによる損失の抑制）	BCPの投資額	プット

出所：山本〔2001〕他より著者作成、「⑩BCPオプション」は著者が考案のうえ追加。

(延期オプション)、「事業資産の清算価値」(撤退オプション)等が該当する。

(5) オプション価値の計算方法

オプション価値の計算方法(オプションプライシングモデル)には大別して、①連続時間を想定し微分方程式の解析解を求める「ブラック=ショールズモデル」、②離散時間を想定する「二項モデル」がある。

①ブラック=ショールズモデル(Dixit〔1994〕他)

ヨーロピアン・コールオプションのオプション価値計算は下記の通りである

$$C = N(d_1)\ S - N(d_2)\ Xe^{-rT} \quad \cdots\cdots\cdots\cdots\cdots\cdots\cdots\cdots \langle 2 \rangle$$

　　　C：コールオプションの現在価値
　　　S：原資産の現在価値
　　　X：権利行使価格
　　　r：リスクフリーレート
　　　T：期日までの期間
　　　σ：原資産のボラティリティ(標準偏差)
　　　$N(\cdot)$：標準正規分布の分布関数
　　　e：自然対数の底

$$d_1 = \frac{\ln(\frac{S}{X}) + (r + 0.5\sigma^2)T}{\sigma\sqrt{T}}, \quad d_2 = d_1 - \sigma\sqrt{T}$$

②二項モデル

Mun〔2002〕等で適用されている。

　a) リスク中立確率

原資産の現在(T=0)価値をSとする。1期間経過後、確率PでSがSu、確率(1-P)でSがSdに変化するとする。このとき、$\frac{Su}{S} = u$、$\frac{Sd}{S} = d$とおくと、

$$P = \frac{(1+r-d)}{(u-d)} \quad \cdots\cdots\cdots\cdots\cdots\cdots\cdots\cdots\cdots\cdots\cdots\cdots\cdots\cdots\cdots\cdots \langle 3 \rangle$$

となる（r：無リスク金利、$0<d<1+r<u$）とする。

または、原資産価格Sの1年後の数値の変動計数σがわかっている場合、$Su=Se^{\sigma}$、$Sd=Se^{-\sigma}$となり、

$$P = \frac{(e^r - e^{-\sigma})}{(e^{\sigma} - e^{-\sigma})} \quad \cdots\cdots\cdots\cdots\cdots\cdots\cdots\cdots\cdots\cdots\cdots\cdots\cdots \langle 4 \rangle$$

となる（Mun〔2002〕他）。

b）二項モデルにおけるオプション価値の計算

最初にオプションが存在しない場合のケース（ベースケース）のツリーを作成する（図16a）；原資産価格Sが一期間経過後、確率pでSuに確率（1－p）でSdに変化（以下同様）する。

図16a　ベースケースの二項ツリー（4期間モデル）

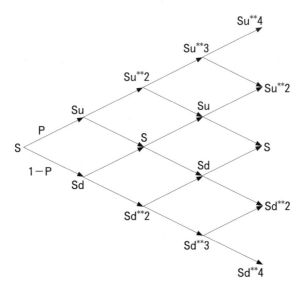

出所：著者作成

図16b　図16aにおいて撤退オプションが存在するケース

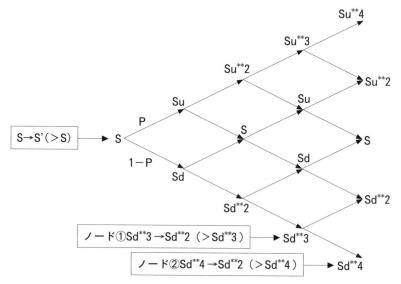

出所：著者作成

　次に、オプションが存在する場合のツリーを作成する（撤退オプションの例）。この事業から撤退した際の事業資産の残存価値X＝Sd**2を撤退オプションの権利行使価格とする。ノード①②においては、撤退オプションを行使することにより、各々事業価値がX＝Sd**2まで上昇する。これにより原資産の現在価値SがS'まで上昇する。このとき、S'－Sが撤退オプションの価値となる（図16b）。

③本書におけるIT投資のリアル・オプション価値の計算
　二項モデルの期間を無限小にすることにより、連続時間モデルである、ブラック＝ショールズモデルとオプション価値の計算結果は漸近することが学説上明らかである（Copeland〔2001〕、Mun〔2002〕他）。一方、実際のIT投資の評価、戦略的意思決定は、1年、半年、3ヶ月といった離散的な単位で行われる（各種評価のための決算数値等の入手がこうした離散的なタイミングとなることに起因）。また、満期前に行使可能となるアメリカン・オプションは、

ブラック＝ショールズモデルで解析解を求めるのは困難であるのに対して、二項モデルで直接求めることができる。さらには、経営者が年、半期、4半期、月等の離散時間で戦略策定、意思決定に用いるという本書の目的に適していると考えられるため、本書では二項モデルを採用する。

第2節 リアル・オプションのIT投資効果評価への導入

(1) リアル・オプションを活用したIT投資効果評価の先行研究

リアル・オプションのIT投資への適用については、青木〔2001〕にて研究予定の骨子として予定し、その後現在に至るまで成果を上げている。加藤〔2003〕において「松島〔2002〕の指摘したIT投資効果の困難性の中で、不確実性が高い場合、インフラ投資の場合、さらに投資プロジェクトの因果関係が状況依存的である場合に有効」(p.93)と、その有効性を指摘している。また、谷守〔2002〕においても、「IT投資効果へのリスクの概念を取り込むことについてはリアル・オプションがもっとも重要なテーマ」(p.14)である旨指摘されている。また、今井〔2000〕はITによるプラットフォームに視点を当て、産業組織論の観点からリアル・オプションの有効性を指摘している。

本書で対象とする戦略的IT投資は戦略的であるがゆえに不確実性が高く、また因果関係が状況依存的なケースも考えられるため、リアル・オプションを導入する整合性があると考える。

先行研究は限られているが、オプションバリューの算出モデル別に、以下のようなものがある。

①ブラック＝ショールズモデル

Chalasani〔1998〕はソフトウェア開発プロジェクトにおけるプロトタイピングを拡張オプションとして評価した。

Schwartz〔2000〕はコストの不確実性を織り込んでIT投資を評価した。

加藤〔2003〕は出版社がデジタル出版を開始する際の拡張オプションを評価した。

②二項モデル

Benaroch〔1999〕は小切手決済ネットワークへのIT投資を、規制緩和の時期をリスクとする延期オプションとして評価した。

Amram〔1999〕(pp.205-211)は住宅ローンに特化した金融機関の融資申込み書の光学読み取り化投資について拡張オプションを評価した。

Kumar〔1997〕は既存のオンラインシステムのレスポンスを向上させるための追加IT投資をコールオプションとして評価した。

青木〔2001〕は、損害保険会社のIT投資をリアル・オプションで評価する「研究計画書」を埼玉大学大学院へ提出、受理され、2002年入学した。

加藤〔2002〕はIT投資へのリアル・オプションへの適用全般につき最初に整理した、当該分野の嚆矢である。適用分野としては、ネットワーク、インフラ等の基盤投資に重点が置かれている。

青木〔2004〕は銀行、証券、損害保険会社の戦略IT投資をコールオプションとして評価した。

加藤〔2004〕はITセキュリティへの投資を、損害削減のプットオプションとして評価した。

岸本〔2004〕は新規のEビジネス事業への参入をオプションととらえ、ブラック=ショールズモデルと二項モデルの両方を検討した上で、「実務上の簡便さと言う点」(p.47)で二項モデルの採用を薦めている。

青木〔2005〕は生命保険会社におけるイメージワークフローシステムへの投資を評価した。

青木〔2006c〕は製造業における需要予測支援システムへの投資を評価した。

加藤〔2006〕(p.236)は電子調達やe-マーケットプレイスといったITの進展がスイッチング（転用オプション）戦略の可能性を広げたとしている。

（2）本書にて検討対象とするIT投資案件（オプション）

金融機関を中心とした企業等において、戦略IT投資の対象となりうるも

のには下記①〜④のようなものがあるが、①〜③は、一部の大手金融機関または、共同化により実現されることが多い。一方、④については、顧客情報、顧客サービスに直結する戦略的な分野であり、共同化等の対象となりくにい分野である。本書では④に焦点を当てつつ、①〜④全体につき検討する。

①基盤投資

HW、SW、データセンター、コールセンターが挙げられる。拡張、延期、廃棄オプション等が想定される。BCPについても注目すべき分野である。

②ソフトウエア開発

アプリケーション（適用業務）の開発を中心に、プロトタイピング、延期、拡張等のオプションが想定される。

③金融・保険商品開発

アプリケーション、インフラ等を中心に、延期、撤退等のオプションが想定される。

④販売・サービスチャネル拡充

顧客戦略（CRM）、ATM、インターネットチャネル、代理店システム等を中心に、延期、拡張、撤退等のオプションが想定される。

第3節　リアル・オプションにおけるドリフト項推定の課題整理

（1）はじめに

リアル・オプションは、本邦でも企業やその他の意思決定のための判断材料の手法として、脚光を浴びていた（真弓〔2001〕、広瀬〔2001〕、栃本〔2001〕他）が、市場で取引されている原資産を取り扱う金融オプションとは異なり、原資産価格、ボラティリティ、リスクフリーレート等の入力変数の推定が困難な場合が多いため、リアル・オプションの実務における活用度は今一歩であると思われる。その中で、IT投資にリアル・オプションを適用する際の

原資産価格（IT投資効果）の推定については、バランスト・スコアカードを用いた提案が青木〔2001〕・〔2004〕、加藤〔2003〕において行われている。またリアル・オプションにおけるボラティリティについては山本〔2001〕において各種ヒストリカルボラティリティの適用が示されているが、リスクフリーレートについては、所与としているものが太宗を占めている。当節では、市場で取引されていない原資産を対象としているリアル・オプションにおいて、ドリフト項をいかに推定するかにつき、仮想事例における論点を整理し、実務的手法を提案する。

（2）リアル・オプションにおける変数推定

①オプション価値の計算方法

入力変数の推定につき整理する準備として、金融オプション、リアル・オプションに共通なオプション価値の算出方法につき整理する。

オプション価値の計算方法（オプションプライシングモデル）には前述の通り、大別して、（a）連続時間を想定し微分方程式の解析解を求める「ブラック＝ショールズモデル」、（b）離散時間を想定する「二項モデル」がある。

②金融オプションとリアル・オプションの比較

リアル・オプションは金融オプションのフレームワークを援用している（Moore〔2001〕（加藤訳〔2003〕）。リアル・オプションにおけるフレームワークの活用のため、個別株式オプションを例に、金融オプションとリアル・オプションにおけるパラメータの比較を表7にまとめた。

原資産価格、権利行使価格、満期、金利、ボラティリティの各パラメータの内、金利がリスクフリーレートである以外は、全てリアル・オプションにおいて金融オプションと異なる方法でパラメータを推定する方法がある程度示されている。一方、金利についてはリスクフリーレートを用いるという点で同じとの見解である。

表7　金融オプションとリアルオプションのパラメータ比較

パラメータ	リアル・オプション	個別株式オプション
原資産価格	事業の現在価値	株　価
権利行使価格	投下資本額	権利行使価格
満　期	投資の意思決定を延期できる期間またはその投資が有効である期間	満　期
金　利	リスクフリーレート	リスクフリーレート
原資産のボラティリティ	事業の現在価値のボラティリティ	株価のボラティリティ

出所：山本〔2001〕を参考に著者作成

（3）リアル・オプションにおけるリスクフリーレート推定の学説

　リアル・オプション価値算出において、ブラック＝ショールズモデル、二項モデルのいずれにおいても、金利にはリスクフリーレートを用いるということが学説上の通説である（Dixit & Pindyck〔1994〕、Tregeorgis〔1996〕他）。しかし、リスクフリーレートは政策的な金利という意味合いで実体経済の成長を反映していない、また、事業価値を市場のリスクフリーレートを用いてトラッキングすることの意味等、オプション理論をリアル・オプションに厳密に適用することの意味を含め、以下、検討する。

（4）ドリフトの推測についての考察

　第5部第1章第3節・第4節・第5節の仮想事例においては、証券会社のオンライン取引口座数をインターネットの人口普及率でトラッキングし、インターネットの人口普及率のボラティリティ及びドリフト項を推定することにより、原資産価格のボラティリティ、ドリフト項をリスク中立測度に使用、リスク中立確率を算出するが、一般には表7の通りリスクフリーレートを用いるのが通説である。上記事例に用いたような、近似の変数のドリフトを実ドリフトと呼ぶこととし、リスクフリーレートを用いる場合との比較を以下に纏める。

表8　日米の金利指標（2004年）

期　間	米財務省証券金利	日本国債金利
3　年	2.89%	0.28%
5　年	3.43%	0.67%
10　年	4.19%	1.52%

出所：broomberg.com

①リスクフリーレートを用いる場合

　リスクフリーレートを用いる場合、リスクフリー資産とリスク資産による複製ポートフォリオを用いたリスク中立確率アプローチとの整合性が高いことはリスク中立アプローチの定義上、明確である。一方、日本国内においては政策的に低金利となっており（表8）、リアル・オプションで対象とする事業価値のドリフト項としてリスクフリーレートを用いることは、事業価値を過小評価する傾向があることが考えられる。

②実ドリフトを用いる場合

　一方、本書事例のように高成長が見込まれる原資産（例：インターネットの世帯普及率によりトラッキングしたオンライン証券口座数、実ドリフト＝0.42）の場合、事業の成長率に、表8のような低利を見込むことは事業を過小に評価することが予想される。この場合、ドリフトが高く、ボラティリティを上回ると、数式〈3〉の前提条件である、$d<r^f<u$が満たされなくなる（裁定機会が発生する）ことになり、リスク中立アプローチの前提が崩れてしまうという問題点が発生するかに見えるが、情報システム投資案件を利用した「裁定」は現実には無視することが可能である。

（5）リアル・オプションにおけるドリフト項の算出への提言

　以上のように、リアル・オプションにおいて、リスクフリーレートを用いる場合も、実ドリフトを用いる場合も何らかの問題点が生じる。こうした場

合に、組織内の投資の意思決定者にとり、当該事業等の成長率（ドリフト）の参考値があることは有益と思われる。仮にこれを「仮想リスクフリーレート」と呼ぶ。組織内の事業は、仮想リスクフリーレート以上の収益を上げることが求められる。仮想リスクフリーレートは、予想される実ドリフト、社内ハードルレートのうち、低い方を想定する。事業は、いずれか低いレート以上の収益率を達成すべきとの位置付けである。

（6）ボラティリティ（リスク）の推測について

本書においては、バランスト・スコアカードの戦略マップ上において、当該戦略的IT投資の"肝"となるべきリスク変数を効果に加えてコストを含め厳選して1～2個採用した。他にも効果とコストの差である投資評価に影響を与えるリスク変数は存在することが想定されるが、たとえば、「1店舗あたりの受付件数（第5部第1章第1節・同第2章第1節）」は多くのリスク変数に影響を受けてはいるが、それ自身をリスク変数とすることで、財務的指標との線形な関係も想定可能であるし、「学習と成長の視点」「内部プロセスの視点」「顧客の視点」「財務の視点」各々を担当する部署等で共有する変数としての認知度も、また、戦略IT投資の達成目標の中間指標としても有用である。

（7）小　括

本節においては、金融オプションとはオプション理論の適用の厳密性等が異なるリアル・オプションにおけるリスクフリーレートの推定における考慮点をまとめ、「仮想リスクフリーレート」を組織内で策定することを提言することにより、リアル・オプションの実務者が、より的確なオプション価値の算出を可能にすることを目指した。また、高成長の見込まれる事業の評価にて、無裁定の原則は考慮不要であることを新たに究明した。今後理論上からも実務上からも、リアル・オプションの各変数の推定がより洗練されることへの一助とすることができた。

第3章　投資額と投資効果のリスクを加味した四項格子モデルの提案

第1節　IT投資額のリスクの評価の重要性

　IT投資の効果の評価については、そのリスクを含めた評価の先行研究は限られているが、昨今の金融機関等のように、1案件にて数百億〜数千億円とも言われる投資規模となると、各種要因による投資金額（コスト）サイドのリスクも、経営に与える影響（日経コンピュータ編集部〔2002〕・須田〔2003〕・日経システム構築〔2005〕・青木〔2006a〕）が無視できないと考えられる。先行研究の成果を踏まえ、効果及びコストにつきそのリスクを評価することにより意思決定するモデルを検討する。

　前章までの検討において、IT投資のコストについては、固定（無リスク）としていたが、本章においては、コストについても確率論的な取り扱いを導入する。

　Dixit & Pindyck〔1994〕（川口他訳〔2001〕）は連続時間モデルにおいて費用の不確実性を「技術面の不確実性」と「投入費用の不確実性」として検討している。

　Schwartz〔2000〕は仮想システム開発プロジェクトの資産価格及び投資コスト両方のリスクを連続時間モデルを用いて分析している。

　Pindyck〔2001〕は、原子力発電所プラント建設のコストのリスク評価を技術リスクとコスト上昇リスクの2変数にて実施した。

　以上の先行研究は青木〔2006a〕以前には、連続時間モデルであり、離散時間のリアル・オプション評価において、コストと効果の両方のリスク評価を行った先行研究は存在しない。

第3章　投資額と投資効果のリスクを加味した四項格子モデルの提案

第2節　IT投資効果の二項ツリーとIT投資額の二項ツリーを統合した四項ツリーによるIT投資評価モデルの提案

（1）前提条件

　特定のIT投資事案のコストと投資効果は無相関であるとする（IT投資コストが当初想定より増加または減少したとしてもその投資事案の効果には影響しないことを前提とする）。これは、ITプロジェクトが失敗したため、ITコストが上昇した場合においても、当初想定した機能やプロセスを実現する、つまりIT投資効果に影響は無い、という前提である。以下の検討は、これを前提とする。

（2）投資効果の二項に加え、投資額の二項を加味した四項モデルの提案

　IT投資効果に関する二項ツリー（青木〔2004〕）の延長として、IT投資額においても二項モデルを活用した、四項モデルでのIT投資評価のモデル化を提案する（青木〔2006a〕）。なお、リアルオプションにおける四項モデルは、Dixit〔1994〕、Mun〔2003〕等の2変数モデルがあるが、いずれも、効果につき2変数を想定（販売価格と数量等）しており、コストと効果を変数とする四項モデルの先行研究は存在しない。図17に投資効果、投資コスト、定量評価につき想定する各変数を整理した。

図17 投資効果、投資コスト、定量評価につき想定する各変数の整理

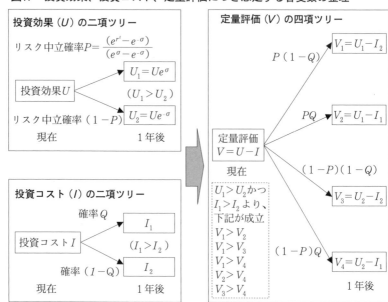

出所：著者作成

（3）投資額のリスクのモデル化の検討

IT投資額を確率変数ととらえた場合に適用する確率モデルを検討する。

①リスク中立アプローチ

情報システム開発コストの変動に影響するリスクは国際標準のプロジェクトマネジメントPMBOK（Project Management Body of Knowledge）によると「要求変更」「設計エラー、漏れ、誤解」「定義不足、責任欠如」「見積不足」「技術力不足」「新技術」「天災」「モラルの低下」「不満」等がある（能澤〔1999〕p.177）。また、小笠原他〔2003〕にも同様な指摘がある。このように互いに独立の複数の要因から構成されるリスク変数は中心極限定理により、ガウス過程（正規分布）に従い（Hoel〔1971〕等）、したがって、リスク中立アプローチの適用が可能である。統計的アプローチその他により適当なドリ

第3章 投資額と投資効果のリスクを加味した四項格子モデルの提案

図18 投資コスト（I）の二項ツリー （1）リスク中立アプローチ

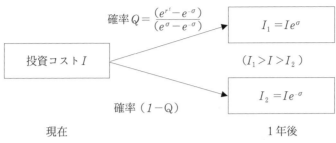

出所：著者作成

フト項r^f及びリスクσを予測する（第2章第3節参照）ことにより式〈4〉よりリスク中立確率を算出する。この場合、$I_1>I>I_2$となる。また、この場合、投資コストIの二項ツリーは図18となる。

②ポワソンアプローチ

一方、通常の情報システム開発においては、コストについてはプロジェクト開始前に見積を実施し、組織内コスト及び外注コストの両方につき、プロジェクトマネジメントの過程で当初の見積通り完了するよう調整するのが通常である。しかし、このような管理をもってしても、コストにつき、当初見積通り完了できない情報システム開発は多数存在している（日経コンピュータ編集部〔2002〕、須田〔2003〕、日経システム構築編集部〔2005〕等）。このように、通常は想定コストで収まるが、一定の小さな確率でコストが増加する（ジャンプする）変数においては、ポワソン過程を想定することが妥当と考えられる（Hoel〔1971〕、Dixit/Pindyck〔1994〕、Trigeorgis〔1996〕他）。統計的アプローチその他により適当な母数λ及びジャンプ量の期待値$\sqrt{\lambda}$を想定する。この場合、$I_1>I=I_2$となる（図19）。

図19　投資コスト（I）の二項ツリー　（2）ポワソンアプローチ

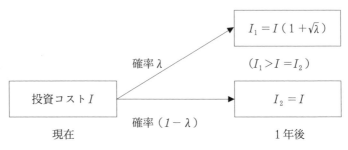

出所：著者作成

③2つのアプローチの比較

　投資効果同様、リスク中立アプローチを投資額にも適用できれば、四項アプローチにおいて、結果が「リスク中立確率」の積から算出されることになり、リスク中立アプローチとしての整合性を維持できる点で有利である。

　一方、①②で述べたとおり、内製、外注を問わず、システム開発コストが「当初の想定より少なく終了した」という結果は現実的ではない。つまり、IT投資コストは下方硬直的である。当初の想定コストで完了するようプロジェクトを管理し、通常は想定コストで実際に完了、一部の止むを得ない（技術的ミス、プロジェクト管理の失敗等の突発的）状況においてコストがジャンプしてしまう、という認識が現実に則していると考えられる。

　したがって、本書においては、投資効果においてはリスク中立アプローチ（リスク中立確率）を、投資コストについては、ポワソンアプローチ（確率）を用いる四項アプローチを採用する。

　ここで、四項の各ノードの発生する確率は、リスク中立確率（効果）×確率（コスト）となるが、そもそもリスク中立確率は現実の確率ではないため、リスク中立確率に乗じる値がリスク中立確率でない確率であったとしても、バックワードインダクション（図15a・b参照のこと）を実行してシナリオ全体の現在価値を求める際に各ノードの値を加重平均するための比率を求めるという所期の目的には何ら影響を及ぼさない。

第3章　投資額と投資効果のリスクを加味した四項格子モデルの提案

　また、2変数のリスクを評価する先行研究であるDixit/Pindyck〔1994〕、Trigeorgis〔1996〕においてはいずれもリスク中立アプローチを採用しているが、本書においては、以上のように情報システムプロジェクトのコスト特性を加味し、ポワソン過程の導入を提案する。

（4）小　括

　本章では、二項モデルを基本とするIT投資評価において、従来変動リスクの評価対象とされてこなかったIT投資額についても、そのリスク変数としての特性を検討した上で、青木〔2006a〕以来著者の提案しているリスクを導入する四項モデルを改めて提案した。効果よりもコストのリスクが大きい（コストを当初予定の2倍程度要する程度以上の）ITプロジェクトが頻発する（例；『「営業店システムの方針が固まった2000年初頭の段階で、統合費用の総額を1,500億円とはじいていた。ところが、2000年9月に計算し直したところ1,100億円も増え、2,600億円になった」、あるいは「ざっと言って当初予定より1,500億円も増えた」という説もあった』（日経コンピュータ編集部〔2002〕p.46））なかで、ITコストのリスクを織り込んで評価するモデルを提示することができた。

第4章　ゲーム理論
―― 競合相手の行動の自社IT投資効果に与える影響の評価

第1節　ゲーム理論の基本的フレームワーク

（1）ゲーム理論とは何か

　ゲーム理論とはvon Neumann and Morgenstern（1944）が体系化した「碁、将棋、マージャンといった室内ゲームから、政治、経済に至るまで、さまざまな問題をゲームとして定式化して考察する。ここでいうゲームとは、これらの問題を規定する一組のルールのことである」と概括できる。

（2）プレイヤー

　ゲーム理論で言うプレイヤーとは、意思決定し行動する主体のことである。プレイヤーは個人であっても、複数の個人からなる組織であってもよい。企業、政党、国家なども必要に応じて1人のプレイヤーとなる。本書においては企業が該当する。

　ゲームは相手がいて初めて成立する。つまり、プレイヤーの数が複数であって初めてゲームが成立する。常にプレイヤーの数を明確にし、プレイヤーの数に応じて、2人ゲーム、3人ゲーム、n人ゲームと呼ぶ。プレイヤーの数が無限の場合もありうるが、本書においては2人ゲームを検討する。

（3）とりうる行動

　各プレイヤーは何らかのとりうる行動をもっている。どのような行動をもちうるかは、自然の法則や社会的条件に制約されるが、多くの場合、複数のとりうる行動をもっており、どの行動をとるかという選択の問題にたたされる。

　各プレイヤーは、自然や社会の条件のもとで、自分のとりうる行動から、いくつかの行動計画を立てることができる。この行動計画を戦略と呼ぶ。そ

してまた多くの場合、各プレイヤーは複数の戦略をもっていて、その選択の問題に直面する。

すべてのプレイヤーのもつ戦略の数が有限のゲームを有限ゲーム、そうでないゲームを無限ゲームという。

(4) 時間要素と初期状態

ゲームが1回限りのものか、何段階にもわたって行われるものなのか、また時間の流れにそって行われるものかのか、その時間は離散的か連続的か、終了時点が定まっているのか、いないのか、など、これらの時間要素もまたゲームを特徴づける重要な要素である。本書においてはリアル・オプションにつき離散的時間を採用していることと平仄を合わせ、離散時間を、また、終了時間についても、第5部第1章第7節の事例の投資実行タイミングと同期をとった形での検討を実施する。

(5) 利　得

各プレイヤーが何らかの行動計画すなわち戦略をとることによってゲームは終了し、ある結果が定まる。この結果について、各プレイヤーは何らかの評価をもち、各プレイヤーにとっての評価値が定まる。

この評価値を実数で表し、利得と呼ぶ。

(6) 利得マトリックス

「ゲーム理論では、各プレイヤーの行動を図表にして整理するという手法が用いられる。」(鈴木一功〔1999〕p.11)。第5部で取り扱うような短期間同時進行2人ゲーム（各プレイヤーが同時に行動する2人ゲーム）では利得マトリックスを使って整理するのが一般的である。利得マトリックスでは、通常、プレイヤー1の行動を縦軸に、プレイヤー2の行動を横軸にとる。なお、（　）内の利得は、(プレイヤー1、プレイヤー2)の順に記す。

(7) 絶対優位の戦略

ゲームの他のプレイヤーがどの戦略を採用したかに関係なく、自分は常にある一定の戦略をとった方が高い利得を得られる、という戦略が存在する場合、その戦略を絶対優位の戦略と呼ぶ。「囚人のジレンマ」はこの状況下で、ライバルの動きや情報を事前に入手することが困難であり、また、自分がある行動をとらず、競争相手だけがその行動をとった場合、一方的に自分が損してしまう、という状況である。

(8) ナッシュ均衡

ナッシュ均衡とは全プレイヤーが、他のプレイヤーの戦略を前提とした場合に、自分が最適な戦略をとっているという状態である。つまり、ナッシュ均衡を満たす戦略がプレイヤー達によっていったん選択された場合、どのプレイヤーも、自分１人だけ別の戦略を選択しても、より低い利得しか得ることができない、という状態を示している。

第２節　リアル・オプションにおけるゲーム理論の先行研究

(1) 背　景

前述の通り、情報システム（IT）投資の効果については、それを定量評価のみで実施することは困難であり、必ず何らかの定性評価を織り込んで実施すべきとの説が主流を占めつつあるが、青木〔2004〕においては、金融機関のIT投資効果の定量評価につきバランスト・スコアカード（BSC）、投資効果の不確実性の処理につきリアル・オプションを活用するモデルを金融機関の収益構造を明示しながら意思決定者の視点からのケースとして提示した。一方、寡占化が進む業界において、戦略的なIT投資においては、競争相手の行動が自社におけるIT投資の効果に影響を与えることが考えられる。こうした状況における、ゲーム理論の導入を検討する。

(2) リアル・オプションにおけるゲーム理論導入の先行研究

Smit & Ankum〔1993〕では、寡占市場における仮想の利得マトリクスを提示し、「囚人のジレンマ」では各ゲーム参加者が結果として最大の利得でない均衡に陥る可能性を示している。また、「先行者の利益」と延期オプションのトレードオフが存在するという問題提起をしている(延期オプションは投資の実行を「待つ」ことによるオプション価値を実現するが、一方、新規市場への参入等においては「先行者の利益」が存在するため「待つ」ことと「先行者となる」ことの間にはトレードオフが存在することを示している)。

Dixit & Pindyck〔1994〕(川口他訳〔2001〕p.384)においては、寡占産業の例として「われわれの確率的、動的な設定において、寡占産業の取扱いはきわめて難しい。ここに確率的ゲーム理論を適用することは全く新しく、その理論をそのまま使用するモデルはほとんどない。」と断った上で、「一般的なことを述べることは困難ではない。一方では、不確実性と不可逆性は延期するオプション価値、各企業の投資決定のより大きな優柔不断さをつくりだす。他方、ライバルに先を越される恐れが投資を急がせる。これらのうち、どちらがより大きいかは、その問題のパラメータとショックの現在の状態に依存する。」とし、基本的枠組みを提供している。

Trigeorgis〔1996〕(川口他訳〔2001〕)はその「第9章 競争と戦略」(pp.338-372)において、外生的な競争参入に連続時間での整理を、内生的競争反応においては二項過程を導入し、2期間のゲームのケース分析を行っている。

嘉本〔2002〕は仮想製造業2社の新製品開発につき検討している。

山口〔2002〕はリアル・オプションの観点から、ゲーム理論との親和性につき、「利点」として「リアル・オプション理論とゲーム理論は、ある意味で補完し合う間柄である。すなわち、ある競争状態を分析する際、リアル・オプション理論は、その状況下ではどのような場合にどのようなペイオフが得られるかを示すのに対し、ゲーム理論は、そのペイオフを前提として、どのような戦略をとるべきかを示すものだからである。」(p.178)としている。また、「問題」として、「原資産価値が自らと競争相手の行動によって変化す

るような状況が存在するとすると、そのような市場で完備性が成立するとは限らない」(p.179)点を指摘している。

今井〔2004〕は「第10章　競争状況下でのリアル・オプション」(pp.197-224)において連続時間モデル、離散モデルの両方に検討を加えている。

今井・渡辺〔2004〕は離散2時点モデルのケースを策定している。

Smit & Trigeorgis〔2004〕はリアル・オプションへのゲーム理論の導入の展開を踏まえた、リアル・オプション教科書である。

青木〔2007〕は本書第5部第1章第7節の骨子を公刊、金融機関のIT投資のリアルオプション評価に初めてゲーム理論を適用している。

以上のように、リアル・オプションとゲーム理論の先行研究が存在するが、特に、延期オプションについては、投資プロジェクトの効果のリスク（ボラティリティ）が高まれば高まるほどオプション価値が向上するため、特に新商品・サービスの導入等、「先行者の利益」が高い場合（追従者の利益が高い場合も当然あり得るが）、投資を延期することにより、自社の投資の価値を減じることになるというジレンマが挙げられる。

第3節　ゲーム理論のIT投資効果評価への導入

当部において、青木〔2004〕のリアル・オプションとバランスト・スコアカードによる定量評価モデルに、ゲーム理論とリアル・オプションの融合研究の成果を導入することにより、より実務者にとり、現実の意思決定の参考となるモデルを改めて提案する。

具体的には、第5部第1章第7節の損害保険会社のIT投資評価事例において、意思決定者の視点に立ち、仮想IT投資事例の評価のケースを策定する。意思決定者がリアル・オプションを識別した「今期」時点において、意思決定者と「対称」な（同じペイオフを持つ投資機会を持つ）競争相手が登場し、意思決定者と、単期間同時進行2人ゲームを行う。その状況下での意思決定者の意思決定につき分析し、経営判断へのインプリケーションを提案する。

第5章　The Profit Zoneを活用したReal Optionsの識別方法の検討

　The Profit Zone（以下、プロフィット・ゾーン）については「Customer Solutions Profit」等、Real Options（以下、リアルオプション）において評価の対象となる先行投資の価値について論究されており、プロフィット・ゾーンとリアルオプションの両者を関連づけた上で活用することにより、経営における意思決定への利用価値が高まることが想定される。本章においては、プロフィット・ゾーンとリアルオプションの関連につき整理したうえで、両者を統合して活用することによる意思決定の方法につき考察する。なお、本章の骨子は青木〔2006b〕にて報告されたものである。

第1節　背　景

　プロフィット・ゾーンはスライウォツキー／モリソン〔1997〕にて提唱されている、23種類の「持続的かつ卓越した収益性で、企業に莫大な価値をもたらす領域」（序文）である。一方、リアルオプションにつき企業経営の各領域で活用する先行研究は多数存在するが、企業経営での投資案件からオプションを見いだすことは容易ではない。プロフィット・ゾーンは、企業経営が高収益を挙げるモデルを時間の概念を導入したうえで類型化しており、企業経営の無数の意思決定とリアルオプションを関連付ける一助となることが期待される。プロフィット・ゾーンとリアルオプションの関係性に関する青木〔2006b〕以前の先行研究は存在しない。

第2節　本章の構成

　第3節において、23のプロフィット・ゾーンとリアルオプションとの整合性を整理したうえで、第4節においてプロフィット・ゾーンとリアルオプションを組み合わせて活用するフレームワークを提案する。

第3節　プロフィット・ゾーンとリアルオプション

（1）プロフィット・ゾーンとその分類

各プロフィット・ゾーンの特徴は、Slywotzky/Morrison〔2001〕pp.57-70に要約されている。また、Slywotzky〔2002〕p.246によると、23のプロフィット・ゾーンの内14は6グループの"First Cousins"（著者訳：「いとこ」）へ分類される（各分類には名称は与えられていない）。6グループは、Installed Base Profit/De Fact Standard Profit/After-Sale Profit、Time Profit/New Product Profit/Specialty Product Profit、Relative Market Share Profit/Local Leadership Profit、Blockbuster Profit/ Transaction Scale Profit、Multi-Component Profit/Profit Multiplier、Experience Curve Profit/Specialization Profitであり、残りの9はCustomer Solutions Profit、Product Pyramid Profit、Switch Board Profit、Entrepreneurial Profit、Brand Profit、Value Chain Position Profit、Cycle Profit、Low Cost Business Design Profit、Digital Profitである。

（2）各プロフィット・ゾーンのリアルオプションへの親和性の考察

各プロフィット・ゾーンの特性と、リアルオプションへの親和性につき整理する（当節の図は全てSlywotzky/Morrison〔2001〕pp.57-70より引用）。

① Customer Solutions Profit

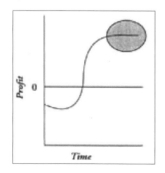

第5章　The Profit Zoneを活用したReal Optionsの識別方法の検討

「時間とエネルギーを注いで、顧客について知っておくべきことを全て知ること。そして、その知識を顧客固有のソリューションの開発に活かすこと。短期の損失には目をつぶり、長期の利益を実現」（スライウォツキー〔2002〕p.21）とある。また、この「短期の損失」部分が図中で網掛けされているプロフィット・ゾーンにおいて将来の収益を獲得するためのコールオプションバリューというあてはめが可能である。その将来の収益が確率過程をとるものであるということは、スライウォツキー/モリソン〔1999〕p.35において、「重要な質問は、「今日の顧客の優先事項は何か」ではなく、「明日の顧客の優先事項は何か」」であり、「将来を見据え、何らかの予言や予測を試みなければならない」とあることからも明らかである。また、顧客固有のソリューションであるが故に投資の不可逆性も認められる。

② Product Pyramid Profit

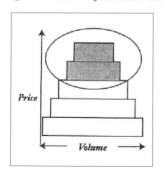

「最も下の部分には低価格の大量販売型製品が位置し、頂上には高価格の少量販売型製品が位置」（スライウォツキー/モリソン〔1999〕p.44）する製品ピラミッドであり、低価格のファイアウォール製品により他社の参入を封じ込めたうえで高価格の少量販売型製品で収益を上げるモデルである。大量販売型製品と少量販売型製品の間に明確な依存関係、時間的前後関係が意識されていないため、このProfitそのものがリアルオプションであるとまでは言えないが、大量販売型製品への戦略的低価格販売のためのコストをオプションバリューとして、原資産価格を少量販売型製品から得られる収益とし、さら

に時間的前後関係を想定することにより、リアルオプションを含む一連の投資意思決定を想定することも可能と考えられる。

③ Switch Board Profit

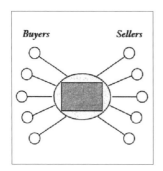

「複数の売り手と買い手によるコミュニケーションを特徴とする市場」（スライウォツキー/モリソン〔1999〕p.46）において複数のコミュニケーションを1つにまとめるスイッチボードが存在することにより、売り手のコストも買い手のコストも下がる。スイッチボードのオペレーター、売り手及び買い手にProfitが存在する。スイッチボードの新設を提案し、その事業者となる主体はリアルオプションを保有する。

④ Entrepreneurial Profit

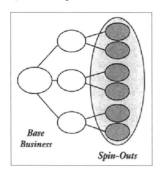

規模の不経済が発現する程度までに拡大した組織において、意思決定の遅延、顧客情報の偏在性等の課題を解決するため、小さな「起業家」的組織を

第5章　The Profit Zoneを活用したReal Optionsの識別方法の検討

スピンアウトさせる部分にこそProfitが存在するというモデルである。拡大した組織にとり、スピンアウトがリアルオプションと認識されるケースは想定される。

⑤　Brand Profit

「人間の心に潜む非合理性」（スライウォツキー〔2002〕p.150）により、同じ製品やサービスが異なる価格で提供されるProfitである。「差別化されていない製品同士の場合、（宣伝費への）累積投資がシェアの拡大をもたらす」（前掲書p.159）Profitであり、宣伝費への累積投資をBrandPrice獲得のためのリアルオプションと認識することも可能と考えられる。

⑥　Value Chain Position Profit

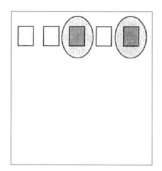

「地理上の風景にも価値連鎖（バリューチェーン）にも、利益やパワーやコントロールという観点から、他に比べて何十倍も重要な場所がある」（スライ

ウォッキー〔2002〕pp.193-194)。そうした「コントロールポイント」がProfit Zoneとされる。地理上の風景及びバリューチューン上の場所を他者に先んじて獲得する投資意思決定には高いリアルオプション性が認められる。

⑦ Cycle Profit

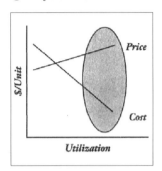

市場価格の変動への対応において、「他に先んじて価格を引き上げ当たり、遅れて引き下げたりする」ことにより「価格差で利益をつかむ鞘取りゲーム」(スライウォッキー〔2002〕p.204)である。他者に先んじて価格を変化させる投資意思決定にはリアルオプション性が認められる。

⑧ Low Cost Business Design Profit

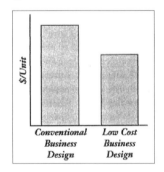

同一のビジネスモデルにおいて、経験曲線を進めることによるコスト削減の視点のみでは、全く新しいビジネスモデルにより低コスト(20%〜30%低価格での提供)を実現するライバルの登場に対抗することができない。経験

第5章　The Profit Zoneを活用したReal Optionsの識別方法の検討

曲線の観点と、「先見能力の習得」(スライウォツキー〔2002〕p.265)の両方のバランスが重要としている。経験曲線上でコストを低減することに加え、「先見能力」を取得するコストは、来るべきライバルの出現に備えるためのプットオプション及び参入のコールオプションとしてのリアルオプションを含むと推察される。

⑨　Digital Profit（スライウォツキー/モリソン〔2001〕）

デジタル型のビジネスへ移行することにより、在庫回転数の向上、リードタイムの短縮等の生産性の向上を実現している。また、デジタル化により、顧客が自分で製品をカスタマイズし、メーカーからのプッシュから顧客によるプッシュへ、仕様が当てずっぽうから確実な根拠に基づく決定へと、ビジネスプロセスの逆転も果たしている。さらに、顧客自身によるメンテナンス、FAQによる問題解決等、サービスコストも低減する。確かなビジネスデザインをデジタル化するところにProfitが存在する。このProfitに関してはプロフィット・ゾーンとしての決まった「型」は存在しないが、デジタル型のビジネスへの移行を情報システム化プロジェクトと捉えれば、多くの情報システム化投資がリアルオプションと考えられる。

⑩　InstalledBaseProfit/DeFactStandard Profit/After-Sale Profit

InstalledBaseProfit　　DeFactStandard Profit　After-Sale Profit

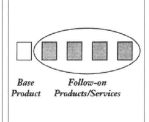

InstalledBaseProfitは最初に購買される基本製品の選択権は購買者が有しているが、当該製品の消耗品に関しては購買者に選択権はなく、よって価

格弾力性が低いため、利益率を高く設定できるというProfitである。DeFact-Standard ProfitはInstalledBaseProfitにおいて購買者がメーカーにロックインされることにより、却って離反することに対し、コンピュータのOS（基本ソフトウエア）のように、シェアが上がるほど購買者の利便性も高まる（ネットワークの外部性）を期待するProfitである。After-Sale Profitは、InstalledBaseProfitが最初に購入する製品の消耗品等にProfitを認識するのに対し、自動車に対する自動車保険、保証サービス等、関連サービス等、最初の製品の提供者が通常商品サービスを提供していないものにProfitを認識している。各Profitへ参入するための相応の投資をリアルオプションと考えることは可能と推察される。

⑪　Time Profit/New Product Profit/Specialty Product Profit

Time Profit　　　　　New Product Profit　　　Specialty Product Profit

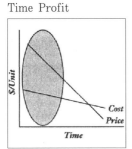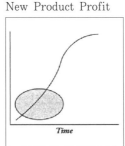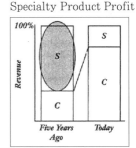

これら3つのProfitはいずれも新商品の導入に関するものであるが、適用される製品市場の性質が異なる。Time Profitは新技術の製品を前提とし、短期間（2年以内程度）で価格が急落するため、経営にスピードが必要とされる。経営のスピードをこの目的で速めるための投資はリアルオプション性が高い。New Product Profitは、5年程度のサイクルでモデルチェンジが実行される製品群で資源のシフトをスムーズに実施する能力が必要とされる。資源のシフトをスムーズに実行するためには、生産インフラ等における転用オプションの確保が奏功することは推察される。Specialty Product Profitは、前2者より中長期的で、新技術等で実現すれば過当競争なく利益が実現

第5章 The Profit Zoneを活用したReal Optionsの識別方法の検討

され、長期かつ広範な調査研究能力が必要となる。このProfitは、リアルオプションの古典的に適用されるモデルである油田開発・新薬開発等を想定しており、リアルオプションとの親和性が高いProfitと考えられる。

⑫ Relative Market Share Profit/Local Leadership Profit

Relative Market Share Profit　Local Leadership Profit

 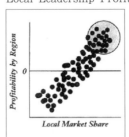

マーケットシェアが高ければ収益性は高いという「First Cousins」であるが、着眼点が異なる。Relative Market Share Profitは規範的であり、勝つために投資すべきであり、失敗したら合理化して損失を最低限にとどめるか、撤退せよとしている。これは、撤退オプションを確保したうえで投資すべきである等、リアルオプション性が認められる。Local Leadership Profitは、特に流通産業等において、全国的シェアを狙い全国に広く薄く投資するのではなく、各拠点の範囲で市場の選択を行い、狙った拠点でシェアトップをとるほうが収益性が高い、というProfitである。狙った拠点への先行的な投資はリアルオプション性が高い。

⑬ Blockbuster Profit/ Transaction Scale Profit

Blockbuster Profit

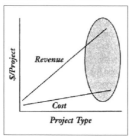

Transaction Scale Profit

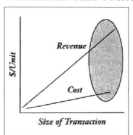

スケールメリットに着目した「FirstCousins」であるが、アプローチは異なる。Blockbuster Profitは、あまり売れない商品ポートフォリオよりも、たくさん売れる大ヒット商品（プロジェクト）のポートフォリオのほうが収益性が高いというProfitである。Transaction Scale Profitは取引規模の大きな顧客等にProfitを認識している。いずれも、Profitの構造そのものには、リアルオプション性は認められないが、各々、大ヒット商品、取引規模の大きな顧客の獲得のための投資にリアルオプションを認めることは考えられる。

⑭ Multi-Component Profit/Profit Multiplier Model

Multi-Component Profit

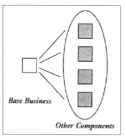

Profit Multiplier

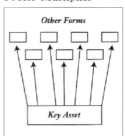

ある経営資源を多様に活用するという「FirstCousins」である。Multi-Component Profitは、同じ製品を売り方を変えることにより、様々な市場に適応させるモデルである。清涼飲料を自動販売機とファーストフード店とレストランで販売することにより、各市場の需要曲線にあった価格で提供す

ることにより得るProfitである。Base businessを識別し、差別価格を実現するための投資はリアルオプション性が高い。Profit Multiplier Modelは、意匠やキャラクター等をKeyAssetとし、複数の媒体や製品で販売することによるProfitである。Key Assetに対応するOther Formsへの投資はリアルオプション性が高い。

⑮　Experience Curve Profit/Specialization Profit

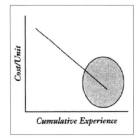
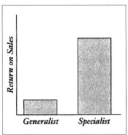

ある製品・サービスへの経営資源の集中によりProfitを得る「First Cousins」である。Experience Curve Profitは経験を体系的に蓄積することによる、コスト削減にProfitを識別している。コスト削減による未来の収益拡大としてのリアルオプション性が認められる。Specialization Profitは自社製品の顧客等の特定セグメントに資源を集中投入することにより、ソリューションと言える水準にまで特化した結果、高稼働率、人材獲得、価格設定等において有利となるProfitを認識している。このProfitの構造そのものには、リアルオプション性は認められないが、Specialistとなるための投資においてはCustomer Solutions Profit（①）と同様のリアルオプション性が認められる。

第4節　リアルオプションにおけるプロフィット・ゾーンの活用の意義

（1）リアルオプション適用の課題—経営上のオプションとリアルオプションを結びつけること

「どこに経営上のオプションがあるのか、どういった数値を入れるべきかというリアルオプション評価で最も重要な部分はすべて、事業の評価を行う、投資の意思決定を行う方々が行わなければならない」(山本/刈屋 [2001] p.208) と、リアルオプションの活用の課題においても真っ先に挙げられている通り、「どこに経営上のオプションがあるのか」をまず識別することが必要である。一方、リアルオプションについては、表6の通り類型化することが可能である。つまり、経営上のオプションとリアルオプションを結びつけることがリアルオプションの実務上の課題であることが想定される。

（2）プロフィット・ゾーンによる経営上のオプションとリアルオプションの媒介

第3節にて検討したとおり、戦略的なプロフィット・ゾーンに到るための投資エリアには、全てにおいてリアルオプション性が認められる。経営上のオプションを認識する際、直接リアルオプションを識別するのではなく、図20に示す通り、プロフィット・ゾーンを介して識別することにより、経営上のオプションの認識が容易になることが期待される。

第5章　The Profit Zoneを活用したReal Optionsの識別方法の検討

図20　「戦略的投資案件からプロフィット・ゾーンを介してリアルオプションを識別」

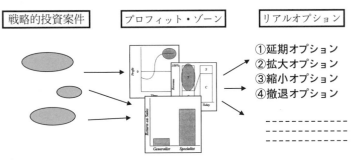

出所：著者作成

小　括

　経営上のオプションを識別することはリアルオプションの活用の前提条件であり、また実務上の課題でもあるが、企業が収益を上げる戦略につき定義したプロフィット・ゾーンを介することにより、収益に直結した戦略的投資案件については、23のProfitへのあてはめを検討することによりリアルオプションを識別する端緒となったことは、実事例による検証等の課題はあるものの、本章の貢献が期待される。

第6章 各手法を統合した戦略的IT投資定量評価モデルの提案

図21に第1章から第5章までの検討を踏まえた、本書の提案する戦略的IT投資定量評価モデルのフレームワークを示す。

まず、第1章において、IT投資の効果の構成要素を定量評価と定性効果とし、定量効果の構成要素を収益拡大効果とコスト削減効果とし、従来、定性効果として評価されてきた部分をABCでのコスト分析を踏まえたBSCの戦略マップを活用してNPVを求め、定量評価可能にし、以降の検討の土台とするとともに、第2章において、定量化された効果はあくまでも未来の予測に依っている点に着目し、リアル・オプションを導入することにより、投資の定量効果に影響を与えるリスク要因を明示化して評価することを可能にするとともに、従来整理されていなかった、リアル・オプション価値算出のための入力変数である、ドリフト項につき金融オプションとの比較において、検討を加えた。第3章においては、先行研究の存在しない領域である、IT投資額自体のリスクを、四項ツリーを導入することにより評価するフレームワ

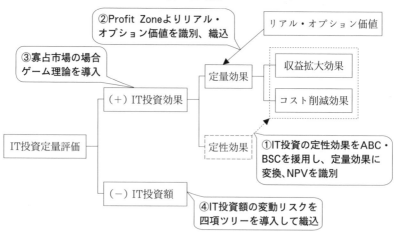

図21 本書の提案する戦略的IT投資定量評価フレームワーク

第6章　各手法を統合した戦略的IT投資定量評価モデルの提案

ークを提案した。さらに第4章においては寡占業界等における競争相手の行動の自社のIT投資効果に与える影響を評価するため、ゲーム理論を導入した。また、第5章においてリアルオプションの識別のため、Profit Zoneを導入した。以上のように、戦略的IT投資を定量評価する主要課題とそれらを解決する手法が体系化されたモデルが提示された。通常の検討の骨格となるべきは、第1章のBSCと第2章のリアル・オプションである。第3章で検討したコストのリスク、第4章で検討したゲーム理論の導入は、事案の状況に応じて活用されるべきものと考える。第5章で検討したProfit Zoneは戦略からReal Optionsの識別に用いる。第5部においては、このモデルの具体的活用例としての業種別ケースを提案する。

第5部
業種別Real Optionsケースの策定

はじめに

　第5部では、金融機関を含む企業における戦略的IT投資定量評価手法を、銀行、証券会社、生命保険会社、損害保険会社、製造業を想定したモデルを構築することにより提案する。実際の経営判断に活用できるモデルとするため、できる限り現実の意思決定者の観点で記述する。銀行、証券会社、生命保険会社、損害保険会社、製造業は各々収益構造が異なるため、IT投資の定量効果の算出方法も各々ケースを挙げる。特に、IT投資の定量効果については米国の小切手決済ネットワークYankee24のPosDebitサービスへの参入につき検討したBenaroch&Kauffman〔1999〕でもインタビューによる定数インプット項目となっており、IT投資とその定量効果たる財務上の効果の因果関係が曖昧である。バランスト・スコアカードを用いて、IT投資と財務効果の関係を明らかにし、リアル・オプションを導入してリスク要因を明確化することにより、IT投資効果の事前の予測、事後のモニタリング等を明示的に実施可能とする。銀行については、現在の課題である地方銀行の融資及び個人の住宅選好にかかわるファイナンシャル・プランニングを取上げる。また、証券会社事例においてはIT投資コストのリスクを織り込んだ四項モデルケースに加え、クラウドコンピューティング、気象リスクを織込み、損害保険会社事例においては、直下型地震に備えたBCPのプット・オプションケース、2社によるゲーム理論分析導入、業界のM&Aについてリアルオプションの観点から分析、補論としての製造業の事例はSCMを検討、流通業、物流業等でも本書のモデルが適用し得ることを示す。

第1章　金融機関

第1節　銀行（Ⅰ）――「法人融資業務支援システムの導入による収益拡大における拡張オプション事例」

（1）IT投資検討の背景

　地方銀行であるA銀行の経営企画部X部長は、中期経営計画の策定にあたり、法人融資からの収益向上をいかにコスト効率よく行うかに頭を悩ませていた。

　従来も営業店の渉外担当者が、中小企業顧客を社有軽乗用車、原付車、自転車、公共交通機関等を活用し、「集金」「融資の相談」「返済の督促」等に日夜奔走し融資の推進・管理を実践していたが、昨今の不景気によるリストラにより人員は削減されており、また、信用環境の悪化により、貸出債権の管理と回収作業のためこれまで以上の労力が求められ、担当者は多忙を極め、これ以上どうやって法人融資を拡大するかが課題であった。

　X部長は、コンサルタントとのセッションの中で、融資業務に関する全プロセスを一元管理する融資支援システムにより、現状の要員数のままで中小企業顧客対象の融資拡大を検討することを決定し、社内にタスクチームを結成した（以上（1）につき地域金融機関EB研究会〔2003〕を参考とした）。

（2）IT投資案件の内容と期待される効果の戦略マップへの折込

　タスクチームでは、X部長の依頼内容を検討した結果、顧客自らインターネット経由でアクセス可能な融資の自動審査システムを導入することにした。顧客がインターネット経由で同行にアクセスし、融資の申込みを行い、それをワークフロー（電子帳票の回覧・承認）により審査実施するというものである。

　法人融資の自動審査システムを導入、融資拡大の要件を、融資審査件数の向上と考え、バランスト・スコアカード（BSC）の戦略マップを活用して図22の通り収益構造を整理した。

第1章　金融機関

図22　戦略マップ「法人融資業務支援システムの導入」

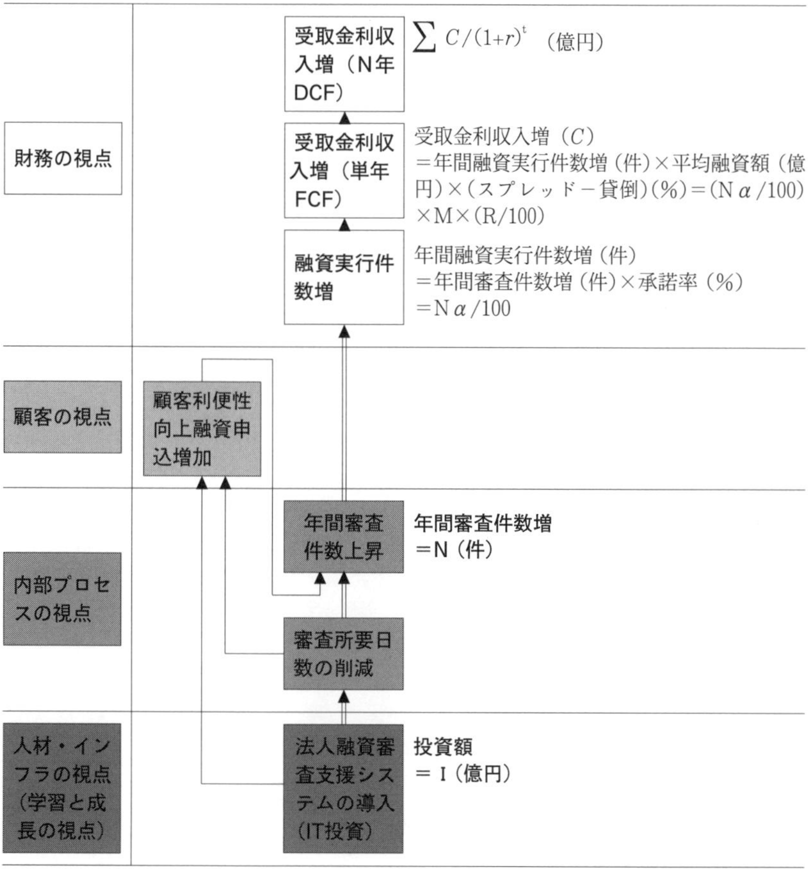

財務の視点	受取金利収入増（N年DCF）	$\sum C/(1+r)^t$ （億円）
	受取金利収入増（単年FCF）	受取金利収入増（C） ＝年間融資実行件数増（件）×平均融資額（億円）×（スプレッド－貸倒）(%)＝$(N\alpha/100)$ ×M×(R/100)
	融資実行件数増	年間融資実行件数増（件） ＝年間審査件数増（件）×承諾率（%） ＝$N\alpha/100$
顧客の視点	顧客利便性向上融資申込増加	
内部プロセスの視点	年間審査件数上昇	年間審査件数増 ＝N（件）
	審査所要日数の削減	
人材・インフラの視点（学習と成長の視点）	法人融資審査支援システムの導入（IT投資）	投資額 ＝I（億円）

出所：著者作成

（3）効果の収益構造と戦略目標

　今回のIT投資により新規の融資申込みが年間N件増加しかつ承諾率がα％であるため、新規融資件数が$N\alpha/100$件増加する。また、ここで平均融資金額をM（億円）、平均融資利回りをR（貸出金利－調達金利－貸倒損失）(%)とすると、結果として融資による年間キャッシュフローが$N\alpha MR/10000$（億円）上昇することになる。

(4) 今回の投資効果の定量化 (NPVの算出)

A行においては、A行の100ヶ所の支店で各年間20件の融資申込み受付増を達成する見込みと予測した ($N=2000$)。また、平均融資承諾率は30%でありこの数値を維持すると予測された ($\alpha=30$)。

同行法人融資の1実行あたり平均金額は0.1億円である ($M=0.1$)。法人融資の平均利回り (貸出金利－調達金利－貸倒損失) は10%であった ($R=10$)。さらに、A行の内規として、戦略的基盤への投資の効果は投資実施後3年 ($n=3$) まで積算している。

また、低金利を反映し、社内金利は2% ($r=0.02$) であった。一方、ITベンダーの見積もりを加味したIT投資額は、初年度のみ $I=20$ 億円であった (毎年の運用・保守は本書では以下の各ケースを含め、フレームワークをより鮮明に考察するため、考慮の対象外とする)。

X部長およびタスクチームは、以上のデータより、下記の通り投資の現在価値 (NPV) を算出した。

NPV
$$= \sum_{t=1}^{n} C/(1+r)^t - I \quad (式 \langle 1 \rangle より)$$

($C=N\alpha MR/10000$, $N=2000$, $\alpha=30$, $M=0.1$, $R=10$, $n=3$, $r=0.02$, $I=20$) $=-2.70$

結果として、このプロジェクトのNPVは2億7千万円の赤字となってしまった。上記計算式への入力数値のうち、改善の余地があるものはないか？X部長はタスクチームに再び検討を依頼した。

(5) タスクチームでの再検討

単純に、社内金利 (r) を下げるか、投資効果測定期間 (n) を上げるか、またはベンダーに交渉して、投資金額 (I) を減らせばNPVは上昇するが、社内金利や投資効果測定期間は内規であり所与である。

残った数値の内、最もリスクが高いのは、新規申し込み件数の増加数である。仮に現在1店舗年間20件と見込んでいる件数を20%増加させて24件（$N=24\times100=2400$）とするだけで、プロジェクトのNPVは7,600万円のプラスになる。

大きな投資リスクの存在がこうして明らかになり、このまま、投資の決定を行うにはリスクが高すぎるという結論に達した。

（6）「拡張オプション」の適用

そこで、当初この投資計画を検討したコンサルティングファームのコンサルタントに相談したところ、一部の店舗で一定期間テスト導入を行い、その結果により再度全店展開するかどうか判断してはどうか、とのアドバイスを受けた。

それを受けて開発ベンダーに相談したところ、当初5店舗（5％）のみを4億円（20％）で導入し、残り95店舗への対応費用を16億円とすることも可能、との回答があった。

この結果を再度コンサルタントにフィードバックすると、段階的に投資を拡張する「拡張オプション」の適用が可能である、Nのリスク（ボラティリティ）が必要であるとのコメントであった。表9より、過去4年の法人の「インターネット利用率」と「1店舗あたりのインターネットでの法人融資の申

表9　企業（従業員100人以上）におけるインターネット利用動向

(％)

年　次	回答企業数	インターネット利用率	インターネット利用の内訳					無回答
			利用している		利用していない			
			全社的	一部の事業所又は部門	今後利用予定あり	今後も必要なし		
平成10年	2,108	63.8	14.4	49.3	8.8	22.9		4.5
〃 11年	2,023	78.3	27.5	50.8	7.5	11.4		2.7
〃 12年	1,838	89.3	45.6	43.7	2.9	5.3		2.5
〃 13年	1,783	94.5	50.4	44.1	2.1	2.6		0.8
〃 14年	1,994	96.1	63.4	32.7	2.4	1.3		0.2

出所：総務省情報通信政策局「通信利用動向調査報告　企業編」

図23　1店舗あたり融資申込み件数N/100の二項ツリー

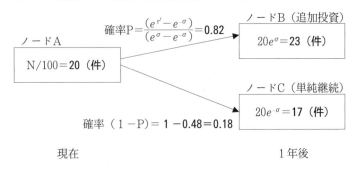

出所：著者作成

込み件数」に線形関係を仮定し、同じく表9より、インターネット利用率の標準偏差（変動係数）を求め、$\sigma=0.16$を採用することにした。

ドリフト項r^fをインターネット利用率の伸びの幾何平均（推定期間：平成10年～14年）から$r^f=0.11$とし、式〈4〉より、1店舗あたり融資申込み件数$N/100=20$が確率$P=(e^{0.11}-e^{-0.16})/(e^{0.16}-e^{-0.16})=0.82$で1年後"上昇シナリオ"23に、$1-P=0.18$で下落シナリオ17に変化する（図23）。

この二項ツリーとITベンダーの提供プランをもとに、現時点（ノードA）で5店舗に$I_0=4$億円を投じてパイロットプランを実施し、1年後上昇シナリオ（ノードB）であれば残り95店舗に$I_1=16$億円を投資して全店展開、1年後下落シナリオ（ノードC）であれば追加投資を行わず、単純継続とする前提で、再度NPV（option）を計算した。

なお、投資効果積算期間$n=3$は、当初投資、追加投資が各々行われた時点から3年（A行内規の援用）である。

NPV（option）

$$= P((\underbrace{\sum_{t=1}^{n} C_0/(1+r)^t - I_0}_{\text{当初投資（5店舗4億円）}}) + (\underbrace{\sum_{t=1}^{n} C_1/(1+r)^t - I_1}_{\text{追加投資（95店舗16億円）}})(1/(1+r)))$$

　　　　　　　　　　　　… 上昇シナリオ（確率P）

$$+(1-P)(\underbrace{\sum_{t=1}^{n} C_2/(1+r)^t}_{\text{追加投資なし}})$$

… 下落シナリオ(確率 $1-P$)

($C_0 = X_0 \alpha MR/10000$, $C_1 = X_1 \alpha MR/10000$, $C_2 = X_2 \alpha MR/10000$, $X_0 = 20 \times 5 = 100$, $X_1 = 23 \times 95 = 2185$, $X_2 = 17 \times 5 = 85$, $\alpha = 30$, $R = 10$, $n = 3$, $r = 0.02$, $I_0 = 4$, $I_1 = 16$, $\alpha = 30$, $P = 0.82$) = 3.02

「拡張オプション」の適用により、本件投資効果は、3.02−(−2.70)=5.72億円上昇し、プラスに転じた。これが「段階オプション」のオプションバリューである。X部長は、稟議を通して、本件投資を推進することとした。

第2節 銀行(Ⅱ)ファイナンシャル・プランニング──「住宅所有と賃借の経済性比較への一考察」──リアルオプションの観点より──(青木〔2016〕にて骨子を報告)

(1) はじめに

個人が、住宅を所有するか賃貸住宅(官舎・社宅等を含む、以下同様)を賃借するかは古くて新しい、ライフプランニング上のテーマであり、さまざまな観点からの比較が試みられている。

一般的には、一時的コスト及び各種ランニングコスト(住んでいる期間ずっと生じるコスト)を比較しながら、個々人のライフプラン、嗜好等によって判断するのが正しいとする論調が多いと思われる。

経済主体たる個人が居住するために不動産を所有するか、賃借とするか、という古典的命題には諸説あると思われるが、リアルオプションの観点で論じた先行研究は存在しない。所有するか、賃借とするかの意思決定には、以後のライフプランに対する、明確に認識しているオプションと明確には認識されていないオプションが介在すると考えられるが、特に明確には認識されていないオプションをリアルオプションとして明確に評価することにより、個人のライフプランニングがより納得性の高いものとなることが期待される。

また、賃貸住宅または分譲住宅のマーケティングを行う際の有効な訴求ポイントの導出にも寄与することが期待される。

(2) 既存の論点の整理

自宅を賃借とするか所有するかについては、やや一方的な視点の刊行物が存在する。賃借すべきという観点からは石川〔2010〕／エイブル〔2005〕、所有すべきという観点からは藤川〔2012〕が挙げられる。

また、石川〔2010〕は住宅を次々と取得（＝所有）して賃貸住宅として貸出し、大家になることを啓蒙している。

島田〔2003〕は住宅の需給の観点から、住宅市場は供給過剰の状態にあるが、中古住宅の流通性の問題点（情報の非対称性及び日本市場の新築選好）により、特にファミリー層向け良質な賃貸住宅の不足を問題点として挙げている。この点につきリクルートホールディングス〔2015〕は「物件データを比べると、同じ間取りでも賃貸より買うほうが基本的に面積は広い。」(p.16)としている（表10）。

一方、田中〔2017〕は相続税の「小規模宅地等の特例」を考慮に入れ、「親が評価額の高い場所に持ち家を所有しており将来それを相続することになる人（特にひとりっ子）」は「圧倒的に賃貸派でいたほうがいい」としている。

表10　賃借と所有（購入）の場合の専有面積

間取り	賃借（※1）	所有（※2）
1 DK・1 LDK	42.79㎡	42.97㎡
2 DK・2 LDK	52.01㎡	61.06㎡
3 DK・3 LDK	64.07㎡	72.17㎡
4 DK・4 LDK	93.74㎡	87.32㎡

※1　前住居が賃貸の人の前住居の平均、首都圏マンション契約者データ（2013年5月〜2015年4月）より／リクルート住まいカンパニー調べ
※2　新築マンション購入者の平均、同上
出所：リクルートホールディングス〔2015〕16頁より著者作成

(3) 当節の論点

当節においては自宅を賃借とするか所有するかについて、住宅供給者の視点ではなく、住宅需要者としての個人の選択肢(リアルオプション)として分析する。

(Ⅰ) 賃借する場合のオプションの例

賃借する場合には(所有に比べて)転居の自由度が高いことが考えられる。これは将来の選択肢という観点からコールオプションとして分析が可能との観点に立つ。同様に、賃借する場合には(借主は)建物の維持管理費を負担する必要が無い、つまり将来の支出回避という観点で、プットオプションとしての分析が可能と考える。

(Ⅱ) 所有する場合のオプションの例

所有する場合には(賃借する場合と比べて)、建物のレイアウト変更・各種追加施工等の自由度が高い(コールオプション)、住宅ローン完済後は固定資産税等を除き賃借の場合の家賃に相当するコストは生じない(プットオプション)等のオプションが考えられる。

(Ⅲ) 賃貸経営への参画オプション

(Ⅰ)(Ⅱ)は自己の居住を前提としているが、所有する場合には、自己居住の他に、賃貸経営に参画するというオプションが存在する(コールオプション)。

(4) 賃借と所有において得るオプション、失うオプション

賃借の場合と所有の場合に各々得るオプションと失うオプションにつき検討する。

(Ⅰ) 賃借の場合

(a) 得るオプション

①コールオプション

職業の変更等に応じて転居するオプションが挙げられる。また、ライフス

タイル等の変更に応じて転居する（住宅の規模を拡大・縮小する）オプションが存在する。さらに、常に最新の（築浅の）住居に住み替えるオプションが存在する。

②プットオプション

所有する場合と比較すれば、建物の維持管理費及び将来の補修費用及び固定資産税等の負担の回避という観点から、プットオプションと見做すことが可能である。また、ローン借入を行って購入する場合と比較して住宅支出をライフタイムに分散することが可能である。

（b）失うオプション

①コールオプション

住宅への各種設備追加等（太陽光発電、光ケーブル等導入）は所有に比べると所有者等の承諾が必要となり難しいことが考えられる。また、住宅の間取りや内装を変更することも困難となる。また表10の通り、所有と比較して広い間取りの選択肢は狭くなる傾向にある。

②プットオプション

住宅ローンの返済期間に住宅費用を集中し、老後は住宅費用を負担しない（管理費等を除く）というオプションは失われ、終生賃料負担が生じる。

（Ⅱ）所有の場合

（a）得るオプション

①コールオプション

追加の設備等を導入するのは賃借の場合より容易である。また、内装や間取りの変更も可能である。家財の収容能力に応じ、趣味等の活動も自由度が高い。表10の通り、ファミリー層等にとり、広さの点で物件の選択肢も広い。

さらに、資金に余裕があれば、自己居住用住居を確保した上で、賃貸経営に参入することも可能となる。

②プットオプション

住宅支出(維持費を除く)を住宅ローン支払い期間に限定することが可能(老後の住宅費負担を一定額以下に限定することが可能)である。

(b) 失うオプション

①コールオプション

居住地域を変えることや住宅のサイズを変えること、さらには築浅の住居に住み続けること等が困難となる。

②プットオプション

賃借の場合と比べて、維持費や、修理費・固定資産税等を負担する必要が生じる。また、住宅ローン完済前に何等かの理由で就労できなくなった場合に物件を手放すことが困難な場合が生じ得る。

(5) オプション整理より得られた知見

①賃借と所有のオプション整理

表11の通り、賃借と所有の場合に得られるオプションと失うオプションは整理された。

表11 オプションの整理

分　類		内　容	補　足
賃借の場合に得るオプション／所有の場合に失うオプション	コール	転居するオプション（住所を変える）オプション	新居への居住（コール）
		転居するオプション（住居のサイズを変える）オプション	
		最新の（築浅の）住居に住み替えるオプション	
	プット	維持費を負担しないオプション	ランニングコストを限定（プット）
		何等かの理由で物件を手放すオプション	撤退オプション
所有の場合に得るオプション／賃借の場合に失うオプション	コール	追加の設備等を導入するオプション	拡張オプション
		内装や間取り等を変更するオプション	転用オプション
		賃貸経営に参画するオプション	参入オプション
	プット	住宅支出を現役世代に限定するオプション（老後の住宅費負担を修繕費・公租公課等に限定）	ランニングコストを限定（プット）

出所：著者作成

②賃借に適合する人とは

（a）得るオプションからの考察

ライフプラン上、居住地、住宅規模につき、変更することが多く考えられる人や最新のデザイン・設計に基づく築浅の住宅に住み続けたい人が該当すると考えられる。

（b）失うオプションからの考察

いわゆる「断捨離」をモットーとし、「持たざる生活」を志向する人、家族を持たないか、持っても少人数の家族構成を予定する人、住居そのものをカスタマイズして住むという嗜好の少ない人が該当する。また、現役時代とリタイア後の収入・支出に大きな差がなく、終生家賃を払える人も該当する。

③所有に適合する人とは
（a）得るオプションからの考察
　転居の可能性が低い人、同居者が多く個室数を多く必要とする人、住居のカスタマイズが必要となる人、趣味等で家財が多い人等が該当する。
　また、賃貸経営を志向する人にも合致する。
（b）失うオプションからの考察
　住居費を現役時代に集中して負担することが可能な人（i.e. 必要な住宅ローンの取り組みが可能な人）が該当する。

（6）定量的な分析への考察
以下、定量的な分析への考察を行う。

①コストの整理
（a）所有する場合
　購入コスト$C_1 = l\beta$　…　数式〈5〉
　（l：ローン期間（年）、β：年間返済額（元利均等））
※頭金、仲介手数料、引越費用、その他諸費用、及び維持・修繕費・固定資産税等は無視する。
（b）賃借する場合
　賃借コスト$C_2 = L\alpha$　…　数式〈6〉
　（L：賃借期間（年）、α：年間賃料）
※敷金・礼金、引越費用、その他諸費用は無視する。
　（$L > l$ かつ $\beta > \alpha$）

②便益の想定
　便益を（効用－コスト）とする。また、賃借の場合の効用をU、所有の場合の効用を$(1+r)U$とする（$r > -1$）。

(a) 所有する場合

便益 $B_1 = (1+r)U - l\beta$

(b) 賃借する場合

便益 $B_2 = U - L\alpha$

③便益の比較

便益の差分 $f = B_1 - B_2 > 0$ （所有が有利）となるのは、

$f = B_1 - B_2 = (1+r)U - l\beta - (U - L\alpha) > 0$

∴ $r > (l\beta - L\alpha)/U$ … 数式〈7〉

となる場合である。

④コールオプションの導入

住宅購入（i.e. 所有）をコールオプションと見做した場合のコールオプション価値Cが便益の差分fを上回る場合について1期二項過程にて検討する。Rを適切な割引率、上昇シナリオの確率P（0＜P＜1）とおくと下記rの不等式が得られる。

$\{P(rU) - (1-P) \cdot 0\}/(1+R) > l\beta - L\alpha$

∴ $r > (1+R)(l\beta - L\alpha)/PU$ … 数式〈8〉

この不等式が成立する場合に所有が賃借に比して優位となる。

⑤仮の変数での検討

効用（U, r）については個人の選好に依存するため賃借と所有の一般的比較は困難なため、本書では費用に着目して検討する。

(a) 購入する場合

数式①に $l = 35$（年）、$\beta = 120$（万円）；元利均等返済（月10万円×12ヵ月）を代入すると、

$C_1 = 4{,}200$万円

を得る。

（b）賃借する場合

数式②にＬ＝50（年）、α＝96（万円）；家賃（月8万円×12カ月）を代入すると、

C_2＝4,800万円

を得る。

（c）費用からの考察

（a）及び（b）より$C_2 > C_1$を得た。ごく単純に生涯の住宅費を比較すると賃借の方が高コストに見える。この差額$C_2 - C_1$と個人特有のＵ，ｒを加味した上で、賃借のもつ各種オプションの評価と比較することが考えられる。

（d）外部要因

ここでC_1及びC_2についての外部要因を検討する。不動産価格及び賃料の変動以外には、βに線形の影響を与える金利は低金利傾向が継続していること、一方でＬに線形の影響を与える平均寿命は伸び続けていることは大きな考慮点と考えられる。

（e）賃借、所有の典型的なリスク

賃借、所有の場合の典型的なリスク要因を検討する。

ⅰ）所有の場合に転居を伴う異動

所有の場合に転居を伴う異動が発生し、新任地で賃借物件をＬ＝10年間賃借と想定。

コストC_1'＝C_1＋10×96

　　　　＝5,160（万円）＞C_2

ローン35年の内、10年間賃料とローンを両方支払うと50年賃借より高コストとなった。所有の場合の転居リスクは考慮に値する。

ⅱ）賃借の場合に家族が増加

年間賃料がより広い住宅への転居のため期間Ｌの内L_1（＜Ｌ）年間、1.3αに上昇、またL_1＝18（年）とする。

コストC_2'＝L_1×1.3α＋（Ｌ－L_1）α

　　　　＝5,318.4（万円）

賃借のもつ自由度のオプション（転居）を行使すると相応のコストがかかる。

（7）まとめと課題
①賃借と所有の場合のリアルオプションの整理
　本節においては個人が住宅を賃借する場合と所有する場合の経済性比較をリアルオプションの観点から試みた。賃借と所有各々の場合に得るリアルオプション、失うリアルオプションの洗い出しを行った結果、表11において、相互に得るリアルオプション＝失うリアルオプション、という知見を得た。
　一方で、識別した各リアルオプションの原資産及びそのリスクの源泉については一部言及するにとどまり、今後の検討が求められる。

②コールオプションと見做した場合の定式化
　コールオプションと見做す場合の経済性比較につき1期の二項ツリーに当てはめ、数式〈8〉を得た。（1）同様、各変数へのさらなる考察が求められる。

③リスクのもたらすコストについての考察
　所有、賃借の際の典型的なリスクである、「家族の増加」「転居を必要とする異動」の顕在化した際のコストにつき考察を加え、各々の影響を検討した。他のリスクについてのケースの策定もファイナンシャルプランニングの観点から有用と思われる。

④住宅の「所有」には銀行をはじめとする住宅ローン、生命保険会社の団体信用生命保険、損害保険会社の火災保険等のワンストップでの提供が理想であり、第1部第3章のFinTechワンストップサービスチャネルの貢献が期待される。

第3節　証券会社（Ⅰ）——「オンライン証券会社におけるSTP導入における延期オプション事例；投資費用のリスクを織り込んだ四項ツリーアプローチ」（青木〔2006a〕にて骨子を報告）

（1）IT投資検討の背景

　B証券会社の事務企画部長Y氏は同社株式取引業務を支える一連の情報システムの「変化要因」に頭を抱えていた。

　取引日の翌日に決済を完了する「T＋1対応」は、証券業界の情報システムの最大の検討課題であり、ここ数年のうちに投資が必要になるのは明らかであると共に、フロントからバックまで影響範囲が広いため、必要投資額も大きく、投資判断を先送りにする会社が多く見られた。一方、同社はいわゆるオンライン専業証券ではないが、近年のパソコン・携帯電話等によるインターネットの普及により、ネット取引口座数が急増していた。

　日本金融通信社〔2003〕によると、主要証券会社15社（ネット専業を除く）のネット取引口座数は2002年9月末から2003年9月末までの1年間に、22.7％増加している。同社はこうした状況から、取引件数の増加に対応した事務処理体制の構築を検討する必要があったが、今後どれだけ取引件数が増加するかは、未知数であった。

　こうした課題を勘案し、Y部長は次期システム検討タスクを立ち上げて検討した結果、「T＋1」対応およびオンライン取引の急増を視野に入れたSTP（ストレート・スルー・プロセシング）への投資が必要との結論に達した。
（以上（1）につき、伊藤〔2003〕、野村総合研究所〔2002〕を参考にした。）

（2）IT投資案件の内容と期待される効果

　本件IT投資を実行することにより、注文→約定→決済に到るまで、従来の電話、FAXでの情報伝達の激減、処理時間の短縮により、フロントオフィス、バックオフィスの業務効率化、ペーパーレス化が進み、コスト削減効果が期待される。Y部長はこの投資案件の戦略的意図と投資効果を明確化して整理

図24 戦略マップ「オンライン取引の急増を視野に入れたSTP」

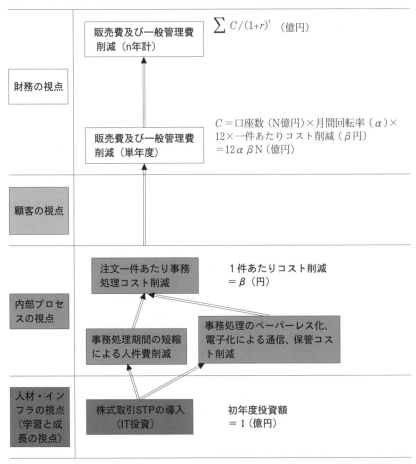

出所：著者作成

するため、バランスト・スコアカード（BSC）の戦略マップ手法を用いて、図24を作成した。

（3）効果の収益構造と戦略目標

インターネット取引口座数N（億件）の1ヶ月の回転数αを測定し、年間に換算すると、年間注文数$T=12\alpha N$（億件）である。また、今回の投資によ

り、現在の注文1件当りの事務コストがβ円削減されるため、年間12$\alpha\beta$N億円のコスト削減が見込まれる。

(4) 今回の投資効果の定量化（NPVの算出）

同社のインターネット取引口座数$N=0.002$（億件）であり、1ヶ月の回転数$\alpha=0.8$であった。つまり年間処理数$T=0.0192$（億件）である。また、今回の投資により、現在の注文1件当りの事務コストが1,300円から800円へと$\beta=500$円の削減となることが見込まれている。また、ITベンダーの見積もりにより投資額$I=30$（億円）であった。

さらに、同社のIT投資の回収期間n＝3（年）、現在の資本割引率はr＝0.02である。

以上より、次式の通りNPVを算出した。

$$\mathrm{NPV}=\sum_{t=1}^{n} C/(1+r)^{t}-I \quad （式〈1〉より）$$

($C=12\alpha\beta N$, $N=0.002$, $\alpha=0.8$, $\beta=500$, $n=3$, $r=0.02$, $I=30$)
$=-2.31$

結果として、この投資は2億3千100万円の赤字となってしまった。しかし冒頭述べたとおり、STPについてここ数年のうちに導入が必須であるとい状況に変化はなく、何とかしてこの投資を実施する必要があった。

上記計算式のうち、改善の余地があるものを検討してみた。社内金利（r）を下げるか、投資効果測定期間（n）を上げるか、またはベンダーに交渉して、投資金額（I）を減らせばNPVは上昇する。

証券口座の回転率（α）や1件あたりのコスト削減（β）の増はNPVに寄与するが、それ程大きな変化が考えられるものではなかった。しかし、証券口座の数（N）は、現在の状況からして、大幅な増加が考えられないわけではなかった。

そこで、Y部長は、シンクタンクコンサルタントに相談したところ、そもそもこの投資に、明確な期限は今のところ無いのでは、それでは、ネット取

表12 世帯におけるパソコン保有率及びインターネット利用率

年　次	回答世帯数	パソコン世帯保有率（％）	インターネットの世帯利用率（％）1)	インターネットの人口普及率（％）1)2)
平成 8 年	4,159	22.3	3.3	…
〃 9 年	4,443	28.8	6.4	9.2
〃 10年	4,098	32.6	11.0	13.4
〃 11年	3,657	37.7	19.1	21.4
〃 12年	4,278	50.5	34.0	37.1
〃 13年	3,845	58.0	60.5	44.0
〃 14年	3,673	71.7	81.4	54.5

注）世帯は20歳以上の世帯主のいる世帯、複数回答。
1）パソコン、携帯電話、携帯情報端末、インターネット対応型テレビゲーム機、TV等からの利用者を含む。
2）高齢者及び小中学生の利用者増を踏まえ、対象年齢を年々拡げており、平成12年末以前とは厳密に比較できない（平成11年末までは15～69歳、平成12年末は15～79歳、平成13年末から 6 歳以上）。
資　料　総務省情報通信政策局「通信利用動向調査報告　世帯編」
出所：総務省「IT関連統計資料集」；(http://www.stat.go.jp/data/it/zuhyou/i04.xls)

引の普及で、さらなる増加の見込まれる N の増加を"待って"みてはどうか、とのアドバイスがあった。

　早速、再度タスクチームに命じて、N の 1 年間のボラティリティ（変動係数、以下 σ）を検討した結果、今後 1 年間の携帯電話やインターネットでのコンシューマー市場の株式取引の普及度合や、株式市場の活性化にインターネットの世帯普及率と線形の関係を仮定し、インターネットの世帯利用率（表12）の標準偏差より $\sigma=0.49$（推定期間：平成 8 ～14年のデータによる）を求めた。

　また、$r^f =$ ドリフト項をインターネットの人口普及率の増加率の幾何平均より求め $r^f=0.42$（推定期間：平成 8 年～14年）とし、式〈4〉より、α が確率 $P=(e^{0.42}-e^{-0.49})/(e^{0.49}-e^{-0.49})$ で 1 年後"上昇シナリオ" $Ne^{0.49}$ に、$1-P$ で下落シナリオ $Ne^{-0.49}$ に変化することを意味する（図25）。

　仮に今から 1 年後、上昇シナリオであった場合（ノードB）にのみ今回の投資を実行し、下落シナリオ（ノードC）の場合は投資を実行しないとするとそ

図25 証券取引口座数Nの二項ツリー

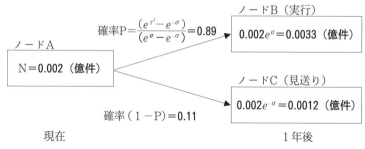

出所:著者作成

のオプションを考慮したペイオフは、

NPV(option)

$$= P(\sum_{t=1}^{n} C_t/(1+r)^t - I)(1/(1+r))$$

(1年後に投資実施のため、さらに現在価値に割り戻している)

($N=0.0024$, $\alpha=0.8$, $\beta=500$, $n=3$, $P=0.89$, $r=0.02$, $I=30$)

$=14.07$

つまり、1年間投資を待つことによって、$N=0.002 \rightarrow Ne^{0.49}=0.0033$となったときにのみ投資を実行することができれば、今回の投資のNPVを14.07−(−2.31)=16.38億円高めることが可能となるのである。この16.38億円が、「延期オプション」のオプションバリューである。Y部長はこの「延期オプション」を行使して1年間タスクを延長し、1年後、無事、Goサインを出すことができた。

(6) PDCAサイクルの実践

以上の検討はあくまでも投資実施当初のものであり、投資実施後の投資効果の検証が重要な意味をもつ(松島〔1999〕、小野〔2003〕)。そういった観点では、投資後、今回の変数の管理および、見直しが重要となる。

(7) コストのリスクの導入

ここで、1年後のリスクとして、プロジェクトに発生した何らかの事故（発生確率 $\lambda=0.05$）によりにより投資コスト30（億円）が1.3倍（$1+\sqrt{\lambda}$）にジャンプすると仮定する。投資効果の二項ツリーと投資コストの二項ツリーより、定量評価の四項ツリーを構成する。結果、V_1、V_2 がプラスとなったため、バックワードインダクションにより、当プロジェクトの現在価値＝13.65（億円）、コールオプション価値は $13.65-(-2.31)=15.86$（億円）となった。延期オプションを行使することによるプロジェクトリスクの発生を反映し、コールオプション価値が $15.86-16.38=0.52$ 億円減少した（図26）。

図26 コストへのポワソンジャンプの導入

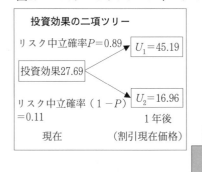
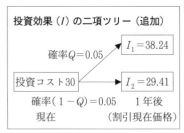
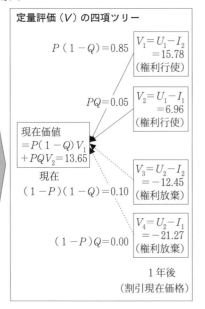

出所：著者作成

（8）小　括

　投資効果のリスクに加え、投資コストのリスクを併せて加味するモデルをケースに応用した。一方、今回追加した変数である、λ等の推定および、その検証が課題になる。

第4節　証券会社（Ⅱ）──「クラウドコンピューティングへの考察」

（1）はじめに

　情報システムの利用形態として、昨今「クラウドコンピューティング」が勃興しつつある（大野〔2011〕）。一方、そのユーザに与える経済的効果について、クラウドコンピューティングに内包されるオプションを含めて整理された先行研究は存在しない。本節では、クラウドコンピューティングのユーザーに与える経済的効果測定のモデルを提案する。

①本節の方向性

　本節では、仮想オンライン証券会社の業務ソフトウェアのクラウドコンピューティング形態での提供を想定し、他ベンダーへのスイッチングオプション、対象業務拡張オプションにつき、二項過程によるリアルオプションアプローチでのモデル化を検討する。

②前提条件

　自社内でのIT調達（オンプレミス）でのコスト及びクラウドコンピューティングの課金体系は既知のものとし、かつ簡便のため、期末に1回のみ発生すると想定。この想定コストが、突発的事象の発生により増加するリスクを織り込むため、ポワソン過程を導入する。

③オプションの評価

　拡張オプション、運営費用がそれぞれ1期後に2種類の値をとることにより、1期で4ノードの値をとる四項格子を作成し、検討する。

④モデル活用の方向性

　クラウドコンピューティングを活用した情報システム化投資に関する意思決定を、クラウドコンピューティングに内在する各種オプションを明確に意識したIT戦略を策定することが想定される。また、策定・実行したIT戦略の効果の事後的なモニタリングに活用されることも期待される。

（２）「クラウドコンピューティング」とは──米国立標準技術研究所（NIST）の定義──

　　クラウドコンピューティングという用語について世界共通の定義は存在せず、文脈によってさまざまな意味にとらえられているが、現在、最も標準的と見られているNIST（National Institute for Standards and Technology）の定義は、以下の5項目を本質的な特徴として具備するサービスをクラウドと定義している。

①ユーザーが、クラウドのサービス提供者側の人間を介することなく、必要に応じてサービスの利用を開始したり設定を変更したりできること。

②機能がネットワーク経由で定義され、標準的な仕組みを使って多様なクライアント・プラットフォームからアクセスできること。

③サービス提供者の計算資源が複数のユーザーに対してマルチテナント・モデルによって提供されるように確保されており、顧客のニーズに従って物理的・仮想的な資源が動的に割り当てられること。

④機能が迅速かつ柔軟に提供され、ユーザーが必要に応じて使用する計算資源の量を動的に増減させることができること。

⑤クラウドの利用状況を監視・制御して計算資源の利用を最適化し、当該利用者とサービス提供者に報告すること。

(3) クラウドコンピューティングの分類Ⅰ——提供される機能による分類

①SaaS (Software as a Service)：クラウド上、アプリケーション・ソフトウェアの機能が提供されるもの。クラウド利用機関やエンド・ユーザーは、クラウド提供者が提供するアプリケーションをウェブ・ブラウザー等によって利用する。

②PaaS (Platform as a Service)：クラウド上でウェブ・アプリケーション・サーバーやデータベース等のアプリケーションの実行環境が提供されるもの。クラウド利用機関が開発したアプリケーションを、クラウド提供者が提供するサーバーやミドルウェアにおいて実行するといったケースが該当する。

③IaaS (Infrastructure as a Service)：仮想マシン技術によって実現される仮想マシンのほか、ストレージ、ネットワーク等の計算資源の基本要素がクラウド上で提供されるもの。クラウド利用機関は、クラウド利用者が提供する仮想マシン上に、OS、ミドルウェア、アプリケーションを含めて、自分にとって都合のよい環境を構築し使用することができる。

(4) クラウドコンピューティングの分類Ⅱ——利用形態による分類

①パブリック・クラウド：複数のクラウド利用機関等がクラウドをインターネット経由で利用するもの。仮想化技術により複数のユーザー間で計算資源を共有して利用する。

②プライベート・クラウド：独立したクラウドを個々のクラウド利用機関が占有して利用するもの。クラウド利用機関がクラウドのインフラを所

有する場合や、ホスティング・サービスと同様に、クラウド提供者がインフラを所有し、それをクラウド利用機関が占有的に利用する場合がある。

③コミュニティ・クラウド：複数のクラウド利用機関が共同体（コミュニティ）を形成し1つのクラウドを共有して利用するもの。共同体としては、目的やコンプライアンス上の制約を共有する組織群等が挙げられる。例えば、金融機関であれば、共同センターを利用する複数の金融機関が相当するほか、公共部門であれば自治体クラウドや霞ヶ関クラウドを利用する公的機関群が該当する。

④ハイブリッド・クラウド：複数の異なるクラウドを組み合わせてアプリケーションやデータを統合するもの。

（5）「クラウドコンピューティング」のリスクとリアルオプション
①事例設定
（a）証券会社の注文等処理につき、電子化し、かつ、そのアプリケーションをSaaS/パブリッククラウドにて導入。
（b）クラウドコンピューティングのメリットとして、スケーラビリティが挙げられる（大野［2011］）。処理量の急増への対応につき拡張オプションを適用する
（c）一方、固有のリスクとしては、提供者の操業停止リスクが考えられる（倒産、災害、特に海外における司法の介入等）。スイッチングコストの突然の発生を二項にて評価する。

図27　図21のチューニング

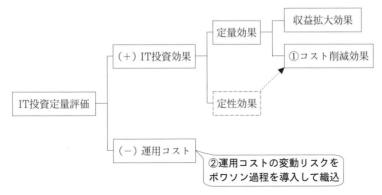

出所：著者作成

（6）当節で提案するクラウドコンピューティングの経済性評価（定量評価）のフレームワーク

図21のフレームワークを下記①②によりチューニングする（図27）。

①クラウドコンピューティングは従量課金であり、プロバイダ課金分を、「IT投資効果」側で1件あたり効果から減じることで織り込む。

②ユーザも運用は発生するためこれを運用コストとして、プロバイダ側リスクによる増加を評価。

（7）投資効果、運用コスト、定量評価につき想定する各変数の整理

①図16に則り当節の各変数を整理する（図28）。

図28　図17のチューニング

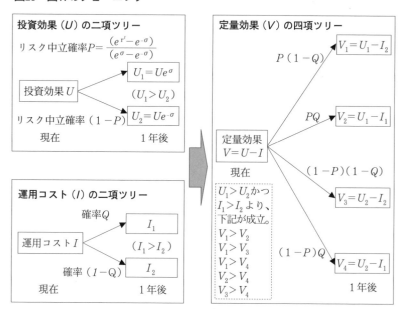

出所：著者作成

②運用コスト（I）のリスクの検討（1）　リスク中立アプローチ
　（a）リスク認識
　　前述の通り、情報システム開発・運用コストの変動に影響するリスクは国際標準のプロジェクトマネジメントPMBOK (Project Management Body of Knowledge) によると「要求変更」「設計エラー、漏れ、誤解」「定義不足、責任欠如」「見積不足」「技術力不足」「新技術」「天災」「モラルの低下」「不満」等がある（能澤［1999］p.177）。また、小笠原他［2003］にも同様な指摘がある。このように互いに独立の複数の要因から構成されるリスクの評価には中心極限定理により、リスク中立アプローチの適用が可能である。

図29 運用コスト（リスク中立アプローチ）

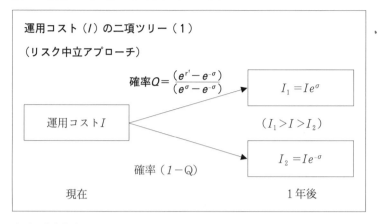

出所：著者作成

（b）アプローチ

統計的アプローチその他により適当なドリフト項r^f及びリスクσを予測することによりリスク中立確率を算出する（図29）。この場合、$I_1 > I > I_2$となる。

③運用コスト（I）のリスクの検討（2）　ポワソンアプローチ（図30）

（a）リスク認識

前述の通り、情報システム開発・運用においては、コストについてはプロジェクト開始前に見積を実施し、組織内コスト及び外注コストの両方につき、プロジェクトマネジメント・運営管理の過程で当初の見積通り完了するよう調整するのが通常である。しかし、このような管理をもってしても、当初見積通りできない情報システム開発・運用は多数存在している（須田［2003］、日経コンピュータ編集部［2002］、日経システム構築編集部［2005］等）。このように、通常は想定コストで収まるが、一定の小さな確率でコストが増加する（ジャンプする）変数においては、ポワソン分布を想定することが妥当で

図30　ポワソンアプローチ

運用コスト（I）の二項ツリー（2）

（ポワソンアプローチ）

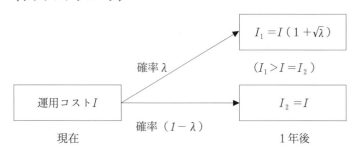

出所：著者作成

ある（Hoel [1978]，Dixit/Pindyck [1994]，Trigeorgis [1996] 他）。

（b）アプローチ

　　統計的アプローチその他により適当な母数 λ 及びジャンプ量の期待値 $\sqrt{\lambda}$ を想定する。この場合、$I_1 > I = I_2$ となる。

④運用コスト（I）のリスクの検討（3）　2つのアプローチの比較

　投資効果同様、リスク中立アプローチをシステム運用コストにも適用できれば、四項アプローチにおいて、結果を「リスク中立確率」の積から算出することになり、リスク中立アプローチとしての整合性を維持できる点で有利である。

　一方、(1)(2)の検討で述べたとおり、内製、外注を問わず、システム運用コストが「当初の想定より少なく終了した」という結果は現実的ではない。想定コストで完了するよう保守運営を管理し、通常は想定コストで実際に完了、一部のやむをえない（クラウドベンダーの倒産、災害等によるスイッチ等）状況においてコストがジャンプしてしまう（スイッチングコストの発生）、という認識が現実に則していると考えられる。

　したがって、当節においては、投資効果においてはリスク中立アプローチ

（リスク中立確率）を、運用コストについては、ポワソンアプローチ（確率）を用いる四項アプローチを採用する。

ここで、四項の各ノードの発生する確率は、リスク中立確率×確率となるが、そもそもリスク中立確率は現実の確率ではないため、リスク中立確率に乗じる値がリスク中立確率でない確率であったとしても、シナリオ全体の現在価値を求める際に各ノードの値を加重平均するという所期の目的には何ら影響を及ぼさない。

（8）前節事例での考察
①ストレートNPVの算出

前節の事例において、外部への開発委託に代えて、クラウド（SaaS、パブリッククラウド）での調達を想定する。初期投資I＝30億円のところを、年間運用コストとしてI＝25億円とする。

インターネット取引口座数N（億件）の1ヶ月の回転数αを測定し、年間に換算すると、年間注文数T＝12αN（億件）である。また、今回の導入により、現在の注文一件当りの事務コストがクラウドの従量課金を差し引き後β円削減されるため、年間12$\alpha\beta$N円のコスト削減が見込まれる。

同社のインターネット取引口座数N＝0.002（億件）であり、1ヶ月の回転数α＝0.8であった。つまり年間処理数T＝0.0192（億件）である。また、今回のクラウド化により、現在の注文一件当りの事務コストが1,300円から800円へとβ＝500円の削減となることが見込まれている。また、クラウドの導入に必要なインターフェース構築等の投資額を含む年間運営コストI＝25（億円）であった。

同社のIT投資の回収期間n＝3（年）、現在の資本割引率はr＝0.02である。

$$NPV = \sum_{t=1}^{n} C/(1+r)^t - I \text{ （式〈1〉より）}$$

　　（$C=12\alpha\beta N$, N＝0.002, α＝0.8, β＝500, n＝3, r＝0.02, I＝30）

　　＝27.69－25＝2.69（億円）

図31 戦略マップ「クラウドコンピューティングによるSTP導入」

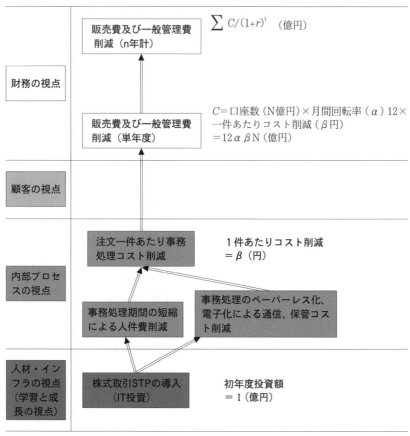

出所：著者作成

前節の事例と比較して、初年度投資額削減のため、NPVはプラスである。

②延期オプションの導入

リスク中立確率については、前節事例（図25）と同値である。仮に今から1年後、上昇シナリオであった場合（ノードB）にのみ今回の投資を実行し、下落シナリオ（ノードC）の場合は投資を実行しないとするとそのオプションを考慮したペイオフは、

NPV（option）

$$=P(\sum_{t=1}^{n} C_t/(1+r)^t - I)(1/(1+r))$$

（1年後に投資実施のため、さらに現在価値に割り戻している）

（N＝0.0024, α＝0.8, β＝500, n＝3, P＝0.89, r＝0.02, I＝25）

＝18.44（億円）

つまり、1年間投資を待つことによって、N＝0.002→$Ne^{0.49}$＝0.0033となったときにのみ投資を実行することができれば、今回の投資のNPVを18.44－(2.69)＝15.75億円高めることが可能となるのである。この15.75億円が、「延期オプション」のオプション価値である。前節の事例での値に比較し、15.75－16.38＝－0.63（億円）と、オプション価値は減少した。初期投資の減少により、ストレートNPVそのものがプラスに転じ、「in the Money」となったことによる。

③コストのリスク変数化

ここで、1年後のリスクとして、クラウドプロバイダの業務停止（発生確率λ＝0.05）により年間運用コスト25が1.3倍（$1+\sqrt{\lambda}$）にジャンプすると仮定。

投資効果の二項ツリーと運用コストの二項ツリーより、定量評価の四項ツリーを構成する。

結果、V_1、V_2がプラスとなったため、バックワードインダクションにより、当プロジェクトの現在価値＝18.25（億円）、コールオプション価値は18.25－(2.69)＝15.56（億円）となった（図32）。

クラウドプロバイダリスクの発生を反映し、コールオプション価値が15.56－15.75＝0.19億円減少した。

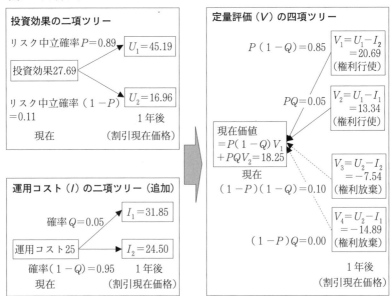

図32 四項ツリー

出所：著者作成

（9）まとめ

投資効果のリスクに加え、運用コストのリスクを併せて加味するモデルをクラウドコンピューティングに適用した。

一方、全体として、他のリアルオプションアプローチ同様、λ等の推定および、その検証が大きな課題になる。

具体的には、①適用する業務にどの程度のスケーラビリティが求められているか（効果サイド）、②クラウドベンダーの各種操業停止リスク及びその際のスイッチングコスト（コストサイド）等について、本書のフレームワークを活用して、実証的に検証することが想定される。

第5節　証券会社（Ⅲ）──「気象リスクと意思決定─リアルオプション適用の可能性の考察」──（青木〔2012〕にて骨子を報告）

昨今、短期的にはゲリラ豪雨、スーパー台風、竜巻等のシビアーウェザー

等、また、中・長期的には冷夏・暖冬、温暖化等による経済活動への影響への認識が顕在化している。一方、情報システムの利用形態として、昨今「クラウドコンピューティング」が勃興しつつある。当節においては、気象リスクを加味した意思決定につき、クラウドコンピューティングによるリスクヘッジを例に挙げ、検討する。

(1) 当節の方向性
①論点の整理

気象リスクを金銭的に「ヘッジ」する手段については、天候デリバティブ、天候リスクを担保する各種損害保険等にて、一定の手法が確立しつつある。一方で、気象のもたらす各種経営リスクを織り込んだ経営上の政策につき、リアルオプションの手法を活用して考察を加えた先行研究は存在しない。

(a) 気象学における成果

情報としての気象予報の価値についての考察が存在(岡村〔1993〕、立平〔1999〕他)する。リスクヘッジの枠組みについてはKatz and Murphy〔1997〕において、表13の通り整理されている。当節の検討と関連すれば、気象の状況を原資産とし、対策コスト(C)と損失(L)の定数から、ペイオフを算出している。プットオプションに類似の考察として気象状態の結果と準備の効果を整理している。

表13 "Expense matrix for cost-lost ratio decision-making model"

Action	Weather state	
	Adverse ($\Theta=1$)	Not adverse ($\Theta=0$)
Protect	C	C
Do not protect	L	0

出所；Katz and Murphy〔1997〕より著者作成

（b）金銭面でのヘッジ（既存のソリューション）

気象にかかる経営リスクの金銭面でのヘッジについては、天候デリバティブ、損害保険等のソリューションが存在する。

ⅰ）天候デリバティブ

リスク交換等、自在に可能（ex；夏の東京電力と東京ガスのスワップ）。また、保険と異なり、"ストライク"であれば支払い期日・金額まで事前に確定するという長所がある（伊藤〔2012〕、小野〔2004〕、刈屋〔2005〕、土方〔2001〕〔2003〕、広瀬〔2003〕他）。

ⅱ）保　険

伝統的手段である。商品としては定型化しており、企業向け等においては拡張担保引き受け等のオーダーメイド的対応も存在する。一方、特に個人向けにおいてはパッケージ化された商品が主体で、柔軟性に乏しい。昨今の大規模災害等により、再保険・CATBOND等によるキャパシティの確保が課題である。また、特に天候デリバティブと異なり、ストライク（事故発生）後、保険会社有無責の判断、損害額の算定等により、実際に保険金が支払われるまでに時間を要するといった課題がある。この点について日本経済新聞社〔2012〕では「これまで大型の地震や台風、洪水に対する保険金の支払いは遅れがちだった。大量に持ち込まれる保険金請求の書類を集中処理するため、現地に多くの人員を派遣したり、東京の対策本部に書類や被害状況を示した写真などを輸送したりする必要があるためだ」と指摘している。

（c）当節の視点

当節においては、これまで研究されてこなかった、気象にかかるリスクによる損害の金銭的なヘッジ以外のリスク対処、つまり経営上の戦略そのものを四項のリアルオプションモデル（青木〔2006b〕）を活用して検討する。確率変数である気象データとの相関を認めうる企業経営上の各種変数を原資産とみなし、そのリスクを織り込んだ経営上の選択肢（オプション）の識別と、そのオプション価値の評価につき手法を提案する。

確率変数である気象データとしては、気温、降雨日数、一定勢力以上の台風の特定エリアへの進行等が考えられる。原資産としては売り上げ／生産コスト等を検討する。また、適用するオプションとしてはリスクヘッジを前提としたプットオプションを主として検討する。オプション価値の算出手法としては上述の通り、コスト（二項）と効果（二項）から構成される四項ツリーを適用する。

（2）フレームワークの構築
①気象による経営リスクとその性質の検討（東京海上〔1995〕、平田〔1995〕他）
（a）収益の変動の例
ⅰ）冷夏による季節商品の売り上げ減少／猛暑による増加（朝倉〔1990〕他）
連続的な変数であり、アップサイド／ダウンサイド両方向のリスクが存在するので、リスク中立過程アプローチと親和性のあることが想定される。
ⅱ）洪水等による工場・店舗等の操業停止
突発的な変数であり、ダウンサイドのみのリスクと考えられ、ポワソン過程アプローチと親和性のあることが想定される。
（b）コストの増大の例
ⅰ）猛暑等による計画停電・ブラックアウト
自家発電費用、シフト勤務コスト等が発生する。突発的かつダウンサイドのみのリスクであり、ポワソン過程アプローチが想定される。

②気象リスクヘッジ戦略の四項シナリオでの評価
（a）ヘッジ戦略をその効果及びコストのペイオフで評価
ヘッジ戦略にはそのコスト及び効果両方にリスクがあると想定する（図33）。

図33 「効果・コストの整理」

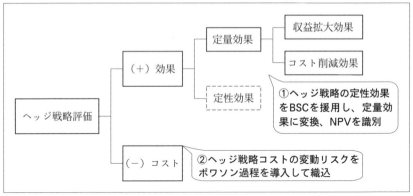

出所:著者作成

(b) 図33の各項目の定量(数値)化

ヘッジ戦略の評価はその効果からコストを減ずることにより求める。従来、定性効果として評価されてきた部分をバランストスコアカード(BSC)の戦略マップの手法を活用して定量評価するとともにヘッジ戦略の目的の組織内での共有化を明確にする。

(c) 経営の柔軟性、リスクの評価を加味するためリアルオプションを導入する。

以上、(a) ~ (c) については青木〔2004〕でのフレームワークである。

(d) ヘッジ戦略のコスト及び効果を各々二項で評価した四項ツリーの導入(青木〔2006b〕)。

ヘッジ戦略(オプション)の効果のみならず、コストにもリスクが存在するため、四項ツリーを導入。

(3) ケース検討;「クラウドコンピューティング」の活用による気象リスクのヘッジ

①事例設定

証券会社の注文等処理の電子化につき、気象リスクをヘッジするため、ク

ラウドコンピューティングを導入する。クラウドコンピューティングのメリットとして、自社センターより堅確であり、気象リスクに対し堅牢なデータセンター基盤及び自社のオンプレミス基盤では実現できないスケーラビリティを期待（大野〔2011〕）し、拡張オプションを適用する。

（a）ヘッジを想定する気象リスク

夏の高温による電力需給の逼迫による「計画停電」による操業停止リスク（突発的に発生）を想定する。これは（2）①（b）で検討した突発的（ポワソン過程）リスクである。

（b）「クラウドコンピューティング」―米国立標準技術研究所（NIST）の定義―

クラウドコンピューティングという用語について世界共通の定義は存在せず、文脈によってさまざまな意味にとらえられているが、現在、最も標準的と見られているNIST（National Institute for Standards and Technology）の定義は、以下の5項目を本質的な特徴として具備するサービスをクラウドと定義している（再掲）。

ⅰ）ユーザーが、クラウドのサービス提供者側の人間を介することなく、必要に応じてサービスの利用を開始したり設定を変更したりできること。

ⅱ）機能がネットワーク経由で定義され、標準的な仕組みを使って多様なクライアント・プラットフォームからアクセスできること。

ⅲ）サービス提供者の計算資源が複数のユーザーに対してマルチテナント・モデルによって提供されるように確保されており、顧客のニーズに従って物理的・仮想的な資源が動的に割り当てられること。

ⅳ）機能が迅速かつ柔軟に提供され、ユーザーが必要に応じて使用する計算資源の量を動的に増減させることができること。

ⅴ）クラウドの利用状況を監視・制御して計算資源の利用を最適化し、当該利用者とサービス提供者に報告すること。

②仮想オンライン証券会社のケース

（a）変数の想定

第3節の事例において、外部への開発委託に代えて、クラウド（SaaS、パブリッククラウド）での調達を想定する。初期投資 I ＝30億円のところを、年間運用コストとして I ＝30億円とする。インターネット取引口座数 N（億件）の1ヶ月の回転数 α を測定し、年間に換算すると、年間注文数 T ＝12αN（億件）である。また、今回の導入により、現在の注文1件当たりの事務コストがクラウドの従量課金を差し引き後 β 円削減されるため、年間12$\alpha\beta$N 円のコスト削減が見込まれると仮定する。

ここで、同社のインターネット取引口座数 N ＝0.002（億件）であり、1ヶ月の回転数 α ＝0.8、年間処理数 T ＝0.0192（億件）とする。また、今回のクラウドコンピューティングの導入により、現在の注文1件当たりの事務コストが1,300円から800円へと β ＝500円の削減となることが見込まれている。IT投資の回収期間 n ＝ 3 （年）、現在の資本割引率は r ＝0.02とする。

（b）投資効果のリスクの想定

「ネット取引口座数」を「インターネットの人口普及率」でトラッキングし、リスク中立確率を算出する。Nのボラティリティ（変動係数、以下 σ）を検討した結果、今後1年間の携帯電話やインターネットでのコンシューマー市場の株式取引の普及度合や、株式市場の活性化にインターネットの世帯普及率と線形の関係を仮定し、インターネットの人口普及率（表14）の標準偏差より σ ＝0.49（推定期間:平成10年～14年のデータによる）を求めた。

また、r^f ＝ドリフト項をインターネットの人口普及率の増加率の幾何平均より求め r^f ＝0.42（推定期間：平成10年～14年）とする。リスク中立過程より、α が確率 P ＝ $(e^{0.42} - e^{-0.49}) / (e^{0.49} - e^{-0.49})$ で1年後"上昇シナリオ" $Ne^{0.49}$ に、（1－P）で下落シナリオ $Ne^{-0.49}$ に変化する（図34）。

表14 「インターネットの人口普及率」(表12の一部を再掲)

年 次	インターネットの人口普及率 (%)[1][2]
平成10	13.4
11	21.4
12	37.1
13	44.0
14	54.5

1) パソコン、携帯電話、携帯情報端末、インターネット対応型テレビゲーム機、TV等からの利用者を含む。
2) 高齢者及び小中学生の利用増を踏まえ、対象年齢を年々拡げており、平成12年末以前とは厳密に比較できない(平成11年末までは15〜69歳、平成12年末は15〜79歳、平成13年末から6歳以上)。
出所:総務省情報通信政策局「通信利用動向調査報告」

図34 「ネット取引口座数のツリー」

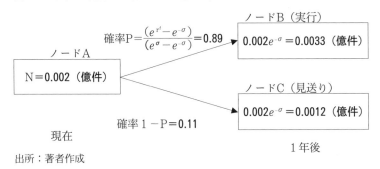

出所:著者作成

(c) 延期オプションを加味したプロジェクト価値算出

仮に今から1年後、上昇シナリオであった場合(ノードB)にのみ今回の投資を実行し、下落シナリオ(ノードC)の場合は投資を実行しないとするとそのオプションを考慮したペイオフは、

NPV (option)
$= P (\Sigma Ct/(1+r)^t - I)(1/(1+r))$
($N=0.0024, \alpha=0.8, \beta=500, n=3, P=0.89, r=0.02, I=30$)
$=14.07$ (億円)

1年間投資を待つことによって、N=0.002→N$e^{0.49}$=0.0033となったときにのみ投資を実行すれば、今回の投資のNPVを14.07−(−2.31)=16.38億円高まる。この16.38億円が、「延期オプション」のオプション価値である。投資を延期することによるリスクの削減により、NPVが上昇した。

（d）コストのポワソンジャンプ（気象リスク）の評価

この先1年の猛暑・厳冬等による計画停電・ブラックアウトによりクラウドコンピューティングプロバイダの業務停止（発生確率 λ=0.05）により、年間運用コスト30が1.3倍（$1+\sqrt{\lambda}$）にジャンプすると仮定。

投資効果の二項ツリーと運用コストの二項ツリーより、定量評価の四項ツリーを構成する。

結果、V_1、V_2がプラスとなったため、バックワードインダクションにより、当プロジェクトの現在価値=13.65（億円）、コールオプション価値は13.65−(−2.31)=15.86（億円）となった（図35）。

図35 「四項ツリーによる評価」

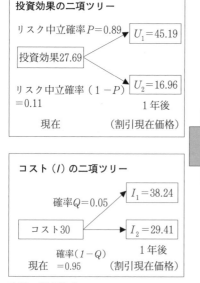
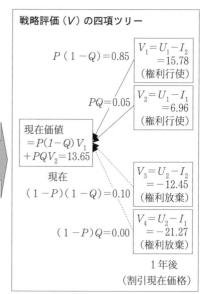

出所：著者作成

クラウドプロバイダの気象リスクの発生を反映し、コールオプション価値が15.86－16.38＝0.52億円減少したが、この減少分dは、クラウドプロバイダが負担するのが通常であり、ユーザはこのdの気象リスクをヘッジしたと評価できる。

（4）小　括
①成　果
投資効果のリスクに加え、運用コストの気象リスクを併せてヘッジするリアルオプション（二項モデルを発展させた四項モデル）をクラウドコンピューティングにおける気象リスクの評価に適用したことにより、従来の気象リスクヘッジ手段（保険、天候デリバティブ等）に加え、「戦略」を取扱うリアルオプションでの戦略策定・評価に一定の目処を立てた。

②課　題
当節検討の前提となるポワソンイベント（災害等）につき、λ等の推定の精度を高める必要があるが、そのためには天候デリバティブや保険において蓄積された気象リスク、損害額の分布についてのさらなる知見が求められる。また、実用化の観点からは、類型化したテンプレートの構築も有益と考えられる。

第6節　生命保険会社（Ⅰ）──「新契約イメージワークフロー導入におけるコスト削減の拡張オプション事例」（青木〔2005〕にて骨子を報告）

（1）IT投資検討の背景
生命保険業界においては、「逆鞘」問題や「経営統合」が一段落したが、以前のような急成長の望めない生命保険個人保険マーケットがビジネスの骨格を担っている。外資系L生命保険会社の経営企画部長Y氏は、この市場での収益性向上につきタスクチームを組成して投資案件を検討した結果「個人保険・新契約システムへのイメージワークフロー（電子承認・回覧）の導入」

が俎上に上った。

　同社で毎年100万件に上る新契約事務は、「申込書」「初回保険料」「医務査定」の所謂「三点セット」の受付・入力から承認・回覧プロセスを経て、証券発行にいたるまで、バックオフィスの大きな負担となっていた（小林玉夫〔2001〕、金融情報システムセンター〔2002〕等）。

（2）IT投資案件の内容と期待される効果

　こうした事務処理に関連する各種書式を処理の上流において電子化することにより、以降の全ての事務処理を「紙」を使用することなく完了することが可能となり、事務処理所要期間の短縮による人件費削減、事務処理の電子化による通信、保管コスト削減がその効果として期待できた。Y部長は、バランスト・スコアカードの戦略マップ手法を活用して図36を作成した。

（3）効果の収益構造と戦略目標

　毎年 X（千件）処理される新契約事務1件あたりの事務コストが β（千円）削減されることにより、同社の事業費が $X\beta$（百万円）削減する。

（4）IT投資効果（NPV）の算出

　L社においては、戦略的基盤への投資の効果は投資実施後3年（n=3）まで積算している。また、低金利を反映し、社内金利は1％（=0.01）であった。

　さらに、昨年度決算によると、L社の個人保険の新契約件数 $X=1,000$（千件）であった。今般の投資においては、新契約1件あたり事務処理コストを $\beta=2$ 千円削減することを目標としている。一方、ITベンダーの見積もりを加味したIT投資額＝ I は、初年度のみ6,000（百万円）であった。

　Y部長は、以上のデータより、下記の通り投資の現在価値（NPV）を算出した。

　3年間、β、X 他の数値は一定とする。

図36　戦略マップ「生命保険新契約へのイメージワークフロー導入」

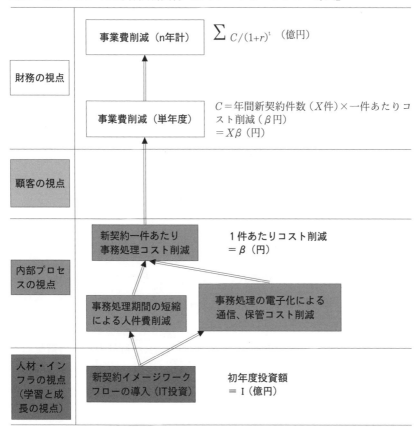

出所：著者作成

NPV

$$= \sum_{t=1}^{n} C/(1+r)^t - I$$

（$C=X\beta$，$X=1000$，$\beta=2$，$n=3$，$r=0.01$，$I=6000$）

$=-141$

結果として、このプロジェクトのNPVは1億4千100万円の赤字となってしまった。

(5) 拡張オプションの導入

上記計算式のうち、改善の余地があるものはないか？ Y部長は検討した。社内金利（r）を下げるか、投資効果測定期間（n）を上げるか、またはベンダーに交渉して、投資金額（I）を減らせばNPVは上昇する。また、本来の当IT投資効果の指標であるβ（千円）の向上も、投資効果に寄与する。しかし、それらは、Y部長がコントロールできるものではなかった。また、単純に経済環境が好転するまでこの投資全体を延期する（延期オプション）ことは、昨今の厳しい経営環境の中で、他社に遅れをとる可能性が高く、不可能と思われた。

Y部長は途方にくれ、顔見知りのコンサルティングファームのZ氏に相談したところ、とにかく投資リスクを減らし、かつ、他社に遅れを取らないために、「拡張オプション」を導入してはどうか、とのことであった。全社の1割程度の拠点でパイロット導入し、1年後に投資効果の動向を見て全社展開を検討することにより、リスクは削減できるはずとのことであった。早速ITベンダーに相談したところ$I=6,000$（百万円）を同社の10％の新契約に該当する九州地区への初期投資$I_0=750$（百万円）と1年後の全国展開への追加投資$I_1=5,250$（百万円）に分割することも可との見積もりが提出されてきた。

早速、再度タスクチームに命じて、本件の最大のリスク変数であるXの一年間のボラティリティ（変動係数、以下σ）及びドリフト項（r^f）を検討した。

同社の新契約動向と日本生命保険協会会員社の1999年度から2003年度の新契約件数（表15）のσ及びr^fは一致すると仮定し、$\sigma=0.05$、$r^f=0.01$を採用した。

以上よりリスク中立確率を算出すると、パイロット試行する同社の新契約件数$X/10$は確率$P=(e^{0.01}-e^{-0.05})/(e^{0.05}-e^{-0.05})$で1年後"上昇シナリオ"（$X/10$）$e^{0.05}$に、確率$1-P$で下落シナリオ（$X/10$）$e^{-0.05}$に変化することみなせる（図37）。

第1章　金融機関

表15　日本生命保険協会会員会社の新契約件数（1999年度〜2003年度）

対象年度	新契約件数
1999（1999.4〜2000.3）	9,893,240
2000（2000.4〜2001.3）	10,187,807
2001（2001.4〜2002.3）	11,080,357
2002（2002.4〜2003.3）	11,042,473
2003（2003.4〜2004.3）	10,361,802

出所：日本生命保険協会「統計資料　決算数値」（http://www.seiho.or.jp）より著者作成

図37　新契約件数 $X/10$ の二項ツリー

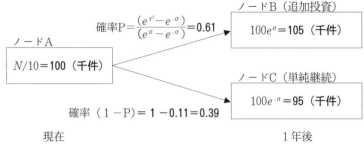

出所：著者作成

　仮に現在 $I_0=750$（百万円）を投資し、1年後ノードBであった場合のみ全国展開への追加投資 $I_1=5,250$（百万円）を実施し、下落シナリオ（ノードC）は追加投資を実行しないとする、とそのオプションを考慮したペイオフは、下記の通りとなる。

　なお、投資効果積算期間 $n=3$ は、初期投資、追加投資が各々行われた時点から3年（L社内規の援用）である。

NPV（option）

$$= P((\underbrace{\sum_{t=1}^{n} C_0/(1+r)^t - I_0}_{\text{初期投資750百万円}}) + (\underbrace{\sum_{t=1}^{n} C_1/(1+r)^t - I_1}_{\text{追加投資5,250百万円}})(1/(1+r)))$$

　　　　　　　　　　　　　　　　　…　上昇シナリオ（確率P）

$$+(1-P)(\underbrace{\sum_{t=1}^{n} C_2/(1+r)^t}_{\text{追加投資なし}}) \quad \cdots \text{下落シナリオ（確率} 1-P\text{）}$$

$(C_0=X_0\beta,\ C_1=X_1\beta,\ C_2=X_2,\ X_0=100\times e^{\sigma}=105,\ X_1=900\times e^{\sigma}=946,$
$X_2=100\times e^{-\sigma}=95,\ \beta=2,\ n=3,\ r=0.01,\ I_0=750,\ I_1=5250,\ \sigma=0.05,\ P=0.61)$

$=57$

「拡張」オプションの適用により、本件投資効果は$57-(-141)=198$百万円向上し、プラスに転じた。これが「拡張オプション」のオプションバリューである。Y部長は、稟議を通して、本件投資を推進することとした。

（6）PDCAサイクルの実践

以上の検討はあくまでも投資実施前のものであり、投資実施後の投資効果の検証が重要な意味をもつ（松島〔1999〕、小野〔2003〕）。そういった観点では、投資後、今回の変数の管理および、見直しが重要となる。

第7節　損害保険会社（Ⅰ）──「自動車保険のインターネット更改による更改率向上；延期オプションと、複占市場を想定したゲーム理論による仮想事例」（青木〔2007〕にて骨子を報告）

（1）IT投資検討の背景

国内大手損保の一角を占めるA損害保険会社の自動車営業推進部長Z氏は、近年のeビジネスの浸透を自動車保険の拡販、収益向上につなげようと、タスクチームを組成して投資案件を検討した結果「自動車保険の携帯電話・インターネット更改」が俎上に上った。

自動車保険は1年契約が主体であり、それはすなわち、毎年更改の必要が生じることを意味する。当然競合他社は、あの手この手でA社の顧客の自動車保険の満期日を調査し、自社契約への切り替えを案内し、契約の奪取を狙ってくるため、満期日以前に、早期の更改を行うことが自社における継続率

の向上につながる。

　一方、更改申込書は、満期の3〜5ヶ月前にA社事務センターで作成され、担当代理店宛、または契約者へ直接郵送されるか、団体扱いの場合は、職域宛に送付されるが、作成から送付までの間の、顧客住所や、職場の異動の未反映等により送付そのものに時間を要したり、車両入替等により契約内容が変更された場合に保険料の再計算が必要になったりと、手戻りや、途中での修正が入り、更改が満期日ぎりぎりになる等、他社への契約の流出の"隙"が生じていることが問題になっていた。(以上、東京海上〔1991〕、日本アクチュアリー会〔2000〕、週刊東洋経済編集部〔2003〕を参考にした。)

(2) IT投資案件の内容と期待される効果

　これに対し、顧客がスマートフォンまたはタブレット・パソコン等より更改用のサイトにアクセス、または代理店がPC・タブレット端末や携帯電話を顧客に持参し、その場で最新の契約内容を確認しながら更改を行うことにより、更改を迅速化し、ひいては更改率を向上させようという案件を検討することとなった。

　Z部長はこの投資案件の戦略的意図と投資効果を明確化して整理するため、バランスト・スコアカード(BSC)の戦略マップ手法を用いて、図38を作成した。

図38 戦略マップ「自動車保険のインターネット更改」

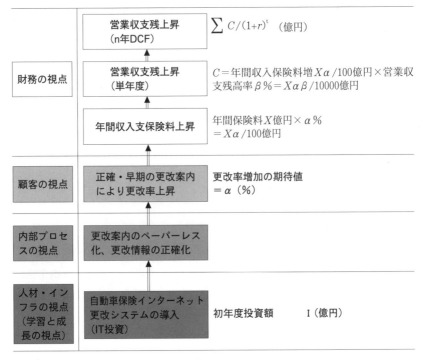

出所:著者作成

(3) 効果の収益構造と戦略目標(図38参照)

毎年更改対象となる自動車保険料X億円の更改率(%)が今回のIT投資によりαポイント上昇することにより、毎年の収入保険料(一般事業会社の売上高に該当)は$X\alpha/100$億円上昇するが、収入保険料のうちフリーキャッシュフロー(FCF)となるものの比率は「営業収支残高率」(日本アクチュアリー会〔2000〕)((収入保険料-支払保険金-事業費用)/収入保険料)、一般企業の売上高営業利益率に該当)β%であり、結果として、当該投資により、毎年$X\alpha\beta/10{,}000$億円の収益増を得ることになる。

（4）IT投資効果（NPV）の算出

A社においては、戦略的基盤への投資の効果は投資実施後5年（$n=5$）まで積算している。また、低金利を反映し、社内金利は2％（$r=0.02$）であった。

さらに、昨年度決算によると、営業収支残率はコスト削減が奏効し8％（$\beta=8$）であった。A社の自動車保険（全て1年契約）の年間収入保険料は5,000億円（$X=5,000$）、更改率は、今回の投資により、85％から90％へと5％改善（$\alpha=5$）の見込みであることがタスクの検討において確認された。

一方、ITベンダーの見積もりを加味したIT投資額は、初年度のみ100億円であった。

Z部長は、以上のデータより、下記の通り投資の現在価値（NPV）を算出した。

社内金利、営業収支残高率は一定とする。

$$NPV = \sum_{t=1}^{n} C_t/(1+r)^t - I \quad （式〈1〉より）$$

（$C = X\alpha\beta/10000, X=5000, \alpha=5, \beta=8, n=5, r=0.02, I=100$）
$= -5.73$

結果として、このプロジェクトのNPVは5億7千300万円の赤字となってしまった。しかし、戦略的に今回の投資は、どうしても避けて通れない関門であることは、Z部長も、上司のW常務も承知していが、NPVがマイナスのプロジェクトをW常務が承認しないことは今までの経験から明らかだった。

上記計算式のうち、改善の余地があるものはないか？ Z部長は再度検討した。社内金利（r）を下げるか、投資効果測定期間（n）を上げるか、またはベンダーに交渉して、投資金額（I）を減らせばNPVは上昇する。また、決算の指標である、営業収支残高率（β％）の向上も、投資効果に寄与する。しかし、それらは、Z部長がコントロールできるものではなかった。

（5）延期オプションの導入

Z部長は途方にくれ、顔見知りのコンサルティングファームのD氏に相談

したところ、そもそもこの投資は、更改率の$α$%の向上を狙ったものであり、$α$が5％より高まる可能性はないのか、もしそうであれば、その予測値が高まったときに投資するという選択肢（オプション）はないのか、との指摘を受け、これが、リスクある投資の検討に有効な「リアル・オプション」という考え方であるとのアドバイスを受けた。

　早速、再度タスクチームに命じて、$α$の1年間のボラティリティ（標準偏差、以下$σ$）を検討した結果、表8、表9より法人、個人のインターネットの普及率の増加率と更改率の上昇率$α$との間の線形関係を仮定した。また、同社の法人契約と個人契約の契約件数及び保険料はほぼ同額とみなせたことから、法人・個人のインターネットの普及率の標準偏差（推定期間：平成10年〜14年）の平均値（$(0.16+0.49)/2$）≒$0.33=σ$が推定されるとの回答があった。

　同様に、法人、個人のインターネット利用率増加率の幾何平均（推定期間：平成10年〜平成14年）より、$r^f=$ドリフト項を（$(0.11+0.42)/2$）≒0.26とすると、式〈4〉より、$α$が確率$P=(e^{0.26}-e^{-0.33})/(e^{0.33}-e^{-0.33})$で1年後"上昇シナリオ"$αe^{0.33}$に、確率（1−P）で下落シナリオ$αe^{-0.33}$に変化することを意味する（図39）。

図39　更改率増分$α$の二項ツリー

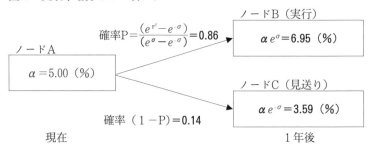

出所：著者作成

仮に今から1年後、上昇シナリオであった場合（ノードB）にのみ今回の投資を実行し、下落シナリオ（ノードC）は投資を実行しないとする、とそのオプションを考慮したペイオフは、

NPV（option）

$$= P(\sum_{t=1}^{n} C_t/(1+r)^t - I)(1/(1+r))$$

（1年後に投資実施のため、さらに現在価値に割り戻している）

$=26.25$　　（$X=5000, \alpha=5, \beta=8, n=5, P=0.89, r=0.02, I=100$）

つまり、1年間投資を待つことによって、$\alpha=5 \to \alpha e^{0.33}=7.84$となったときにのみ投資を実行することができれば、今回の投資のNPVを26.25－(－5.73)＝36.98億円高めることが可能となるのである。この38.96億円が、「延期オプション」のオプションバリューである。Z部長はこの「延期オプション」を行使して1年間タスクを延長し、1年後、無事、Goサインを出すことができた。

（6）PDCAサイクルの実践

以上の検討はあくまでも投資実施当初のものであり、投資実施後の投資効果の検証が重要な意味をもつ（松島〔1999〕、小野〔2003〕）。そういった観点では、投資後、今回の変数の管理および、見直しが重要となる（X（更改対象保険料）、α（更改率のIT投資実施前に対する増分）、β（営業収支残比率）、r（社内金利）、t（投資効果算入年数））。

また、とくにαが事前の予測値から大きくはずれたとすれば、投資効果の本来的な部分であり、その標準偏差σを含めて再検討する必要がある。

（7）競合社の同時参入とゲーム理論の展開（御立・柳川〔2014〕他）

A社が当該案件につきITベンダーと共同でプレスリリースを発表した当日、寝耳に水の情報が入ってきた。競合B社が全く同じような内容でプレスリリースを行ったというのである。B社は、収入保険料、営業収支残高率、

更改率等、A社と非常に良く似た会社である。A社のZ部長は、この投資案件をコンサルタントのD氏に相談したところ、B社がA社とまったく同じ事業体でかつ、今回の投資案件も全く同一の案件とみなせるため、ゲーム理論の「単期間同時進行2人ゲーム」として整理することを薦められると同時に、現在及び1期後に、2社同時に同じIT投資を実践した場合のNPVの値を算出できないかと質問を受けた。A社は自動車業務部等で検討した結果、今回のIT投資の効果は、2社が同時に参入するため、A社、B社とも独自性が薄れ、契約者へのインパクトがそれほど高くなくなるため、各社単独で参入した場合に比べ、15%削減されてしまう（利得の毀損率＝15%）との予想が出された（この予想は、B社も同じ予想をするものとする）。

　ここで現在及び1期後に同時参入した場合の利得を試算した（投資額は一定）。また、両社の利得と選択肢を表16に、今期、次期の意思決定の想定タイミングにつき図40a、図40bに整理した。

表16　各プレイヤーの利得と選択肢の整理

プレイヤー	利　得	選択肢
損害保険A社	インターネット等の利用による自動車保険の自社更改率の向上による利益拡大。延期オプションあり。	プロジェクトの今期または次期における実施の意思決定。自社が延期、相手が今期に実施の場合は自社は永遠に実施しない。
損害保険B社 （A社と「対称」）		

出所：著者作成

図40a　各プレイヤーの意思決定のタイミングの整理

出所：著者作成

図40b　両企業の投資行動と利得の整理

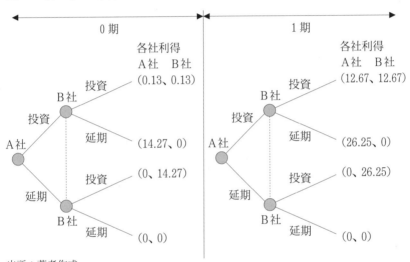

出所：著者作成

a）2社とも現在投資の場合の利得
　　$94.27 \times 0.85 - 80 =$　　　　　　　　　　　　　　　0.13（億円）
b）2社とも延期（1期後に投資）の場合の利得
　　$0.46 \times (124.75 \times 0.85 - 80/1.02) =$　　　　　　12.67（億円）
c）A社またはB社どちらか1社のみが今期に投資した場合の利得
　　投資した会社：（競合が存在しない場合と同じ）　　　14.27（億円）
　　延期した会社：投資なし　　　　　　　　　　　　　　0（億円）
　　※簡略化のため、延期した会社は1期以降も投資しないとする。
　　この簡略化の条件を外した場合、今期にいずれか1社が投資し、次期に

表17　利得マトリックス

		B保険会社	
		待　つ	投　資
A保険会社	待　つ	(12.67, 12.67)	(0, 14.27)
	投　資	(14.27, 0)	(0.13, 0.13)

出所：著者作成

もう1社が追随するという想定も考えられるが、その場合は、延期した会社の利得に延期オプションバリューが上乗せされるものの、大手の2社が同一サービスを開始することで、IT投資効果は両者共毀損する。

a）〜c）より、各社の利得を表17に「利得マトリックス」としてまとめた。

上記利得マトリックスによると、A社にとっても、B社にとっても、本来両社「待つ」のほうが利得が高いにもかかわらず、A社B社とも「投資」(0.13, 0.13) が「絶対優位の戦略」となる。これは、「ナッシュ均衡」を実現しているためここから他へは移動できない。本件投資の期待NPVは両社にとり0.13億円へと低下してしまった。

（8）ゲーム理論の結論から現実の経営判断への修正の検討

以上が、B社の参入の影響を、与えられた数値とゲーム理論の枠組みで評価した結果であるが、A社として、どう判断すべきであろうか。ゲーム理論の枠組みの中では、以上の結論は変わらないが、A社のみの経営努力として、ゲームの情勢を変化させることが、実際の経営判断では考えられると思われる。以下の打開策の選択についても、上記のゲームの「サブゲーム」としての分析も考えられる。また、絶対優位の戦略の不存在も考えられ、その場合は確率に依存する、「混合戦略」となる。

（9）打開策

①積極的な打開策

B社の存在を知り、A社の投資計画の市場への浸透の強化（広報）活動や、スムーズな普及のための内部プロセス強化等、競合による利得の毀損率を15％より小さくすることにより、自社の利得を拡大する積極的な経営努力が考えられる。

②消極的な打開策

B社の存在及びゲーム理論の結論を知ったA社は、本件投資に消極的となり、投資内容はそのままで、投資コストの削減検討（ベンダーとの価格交渉等）や、本件の開発する機能を縮小することにより、投資全体の規模を縮小することも考えられる。

（10）小括

当節では、損害保険会社の戦略的IT投資の仮想事例を策定、IT投資のNPV算出、延期オプションの加味等の過程を残した上で寡占市場を想定したゲーム理論を導入することにより、同様のIT投資を企図する競合者が現れた場合の利得の1社単独の場合と、競合者が存在する場合の比較を仮想事例ではあるが、定量的に検討することができた。また、利得の毀損率という概念を導入することにより、競合が各プレイヤーの利得に与える影響を定量的に明示することを試みた。リアル・オプションとしてもゲーム理論としても、基礎的なな部分のみを仮想事例に適用したため、今後モデルケースを洗練する余地は大いにあると言えるが、リアル・オプション、ゲーム理論の成果を当該理論の先行研究の存在しない金融機関のIT投資に適用するための端緒とすることができた。

第8節　損害保険会社（Ⅱ）「──首都圏直下型地震（文部科学省〔2006〕）を睨んだコールセンターの耐震補強及びホットスタンバイ体制の確立──プットオプション事例」

（1）IT投資検討の背景

損害保険会社D社のビジネスモデルは、テレビ等でCMを流して同社の自動車保険のメリットを消費者へ訴求し、東京都の市部にあるフリーダイヤルのコールセンターで申し込み受付するというものである。当ビジネスは活況を呈していたが、昨今その発生時期等が話題となっている首都圏直下型地震（M6程度で、震度6強程度を想定〔注：その後の想定は変化する可能性はある〕）への対応は十分とは言えないことが課題となっていた。社屋の軀体は古く、震度6弱でも倒壊の危険性があったし、建物内部のITを含む機械設備什器備品類は倒壊等により壊滅的な損害を受けることが考えられていた。また、地震発生時刻によっては300席あるコールセンターのオペレータが出社できない可能性も否定できなかった。コールセンターは同社ビジネスの中核に位置づけられるものであり、その長期に亘る不稼働は何としても避ける必要があった。

（2）投資案件の内容と期待される効果

全社的なBCM（Business Continuity Management；ビジネス継続マネジメント）（KPMGビジネスアシュアランス（2004））の観点から、必要な対策を検討した結果、①建物及び機械設備什器備品の補強及び、②関西地区へのホットスタンバイサイトのアウトソーシングへの投資が地震発生時の損害額削減のための対策として俎上に上った。

（3）BSC戦略マップへの展開とNPV算出

文部科学省（2006）の想定する首都圏直下型地震において、自社コールセンターに損害が生じても関西に存在するバックアップセンターがホットスタンバイにて稼働し、コールセンター停止による減収を抑えることを主眼とする（図41）。

図41　戦略マップ「首都圏直下型地震を睨んだコールセンターの耐震補強及び
　　　ホットスタンバイ体制の確立」

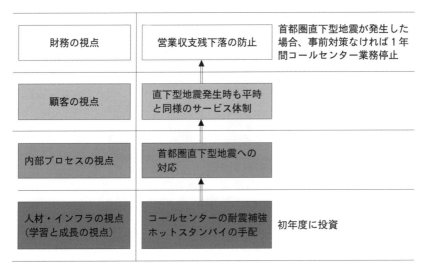

出所：著者作成

　具体的には、今後30年に70％の確率で発生するという文部科学省（2006）より、地震がこの30年に一様に発生するとみなし、今後1年間に発生する確率を2.3％とする。当該コールセンターは300席が常にフル稼働しているものとし、1席1日あたりの自動車保険新契約獲得数を15件とする。

　また、自動車保険1件あたりの営業保険料は7万円であるとし、営業収支残高率（一般企業の売上高営業利益率に該当）は20％であるとする。また、必要な耐震補強、ホットスタンバイの導入に要する一時費用は6億円であるとする。

　　NPV＝300（席）×15（件）×365（日）×7（万円）×0.2（利益率）×2.3％
　　　　　（1年間の地震発生確率）－6億円（初期投資）＝－6,300万円

　この場合、地震による損害の抑制効果を対策費用が上回った。こうした種類の投資は採算度外視ということも考えられるが、NPVでもプラスとなることを以下、検討する。

図42 S損保「正味収入保険料の推移」

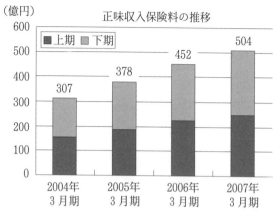

出所:著者作成

(3) リアル・オプションの導入

損害防止額の内、変動する要素は1席あたり、1日あたりの獲得件数であるとする。このダイレクト系損保D社は、同業S損保の正味収入保険料(図42)と同じ変動計数をとると仮定すると、変動計数 $\sigma=0.21$ となる。また、リスクフリーレートを0.0225とする(出所;日本銀行)。

一日あたりの獲得件数のシナリオは図43の通りとなる。

図43 1席あたり1日あたり獲得件数のツリー

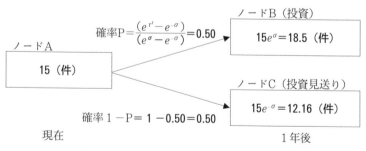

出所:著者作成

図43中ノードCの場合、1席あたり1日あたり獲得件数が12.16件となり、
NPV＝300（席）×12.16（件）×365（日）×7（万円）×0.2（利益率）×2.3％

（1年間の地震発生確率）－6億円（初期投資）＝－16,500万円

となり対策費用が損害防止額を上回るため、実行しない。

図42中ノードBの場合、1席あたり1日あたり獲得件数が18.5件となり、
NPV（option）＝300（席）×18.5（件）×365（日）×7（万円）×0.2（営業収支残高率）×2.3％

（1年間の地震発生確率）－6億円（初期投資）＝66,200万円

となり、損害防止額が対策費用を上回るため、実行となる。尚、この延期オプションの価値は66,200万円－（－6,300万円）＝7億2,500万円となる。

（3）小括

いつ来るかわからない首都圏直下型地震に対していかに備えるかについては各論あると思われる。

一方、文部科学省（2006）の「30年以内に70％の発生確率」につき、1年単位での考え方を整理し、リアル・オプションモデルを導入した。喫緊の課題であるだけに、当仮想事例を基にした現実の数値をより現実的なシナリオにあてはめたより実務に近い研究での洗練が期待される領域であると認識する。

第9節　損害保険会社（Ⅲ）「──損害保険業界M&Aのリアルオプションとしての考察」（青木〔2015〕にて骨子を報告）

1990年代後半以降、国内損害保険業界は経営統合を繰り返し、少数のいわゆるメガ損保グループに集約されつつある。その過程においては、期日を明言したうえでの合併にとどまらず、「提携」「金融持株会社での統合」等、将来の合併を行使するためのオプションととらえ得る形態もとられている。つまり、「提携」や「金融持株会社」による統合をしたからといって将来の合併の是非や、合併の時期については、当事者同士の「オプション」と考える

ことができる。実際に、経営統合等にむけ協議開始しながら、現時点で行使されていない例や、当初とは別の会社との統合に及んだ例も存在する（相沢〔2006〕、向〔2000〕他）。

当節においては、損害保険業界のM&Aにつき1990年代後半以降の事例を概観した結果、①同規模の会社が合併し「約2倍」の規模へ、そして同様の規模拡大をした会社同士が②金融持ち株会社等を設置し「約4倍」の規模の集団を形成する過程に注目する。①については、合併することは経営上の選択肢とみることはできるが、「合併」そのものは事実上「確定」する（「合併」した会社が元通り分離することは事実上考えられない）一方、②については、「提携」「持株会社の設立」等、解消が「合併」に比べると容易である。

本節においてはこの②について「提携」「持株会社の設立」をオプションとみなし、損害保険の事業特性を念頭に置き、考察を加える。こうした「提携」「持株会社の設立」は収益力を増すことを視野に入れたコールオプションの側面も、また、敵対的買収に備えたプットオプションの側面も考えられるが、本節においてはコールオプションととらえる。また、損害保険は後述の通り独自の情報システムにより支えられていることから、合併による規模拡大において、新商品・サービス等への情報システム投資余力を生む効果の期待が考えられる。一方で「持株会社」傘下に入りながら、なかなか「合併」に至らない状況を鑑み、このコールオプションを検討するにあたっての原資産、リスクの源泉につき考察を加える。M&Aを会計的に評価した先行研究は多数存在するが、金融機関のM&Aをリアルオプションとして評価した先行研究は存在しない。

（1）本節の方向性

本邦損害保険業界は、西暦2000年前後の相次ぐ再編と2009年から2010年にかけての再々編により、3メガ損保グループに集約されつつある（表18）。一連の業界再編は、1996年の日米構造協議を受けた算定会料率適用の任意化及び、銀行を中心とした金融危機に端を発している。算定会料率の任意化は、

それまで全社同一であった価格（保険料率）体系が自由化されたことを意味し、損害保険業界が護送船団方式から完全自由競争の時代に突入したことを意味する。すなわち、それまでは当局の指導のもとに行っていた経営判断を、経営戦略上のオプションとして主体的に行使する土壌が整ったことを意味するため、本節では1996年以降を対象として分析する。

　この損害保険業界の業界再編は現時点で、多段階の拡張（ゆるやかな提携、一次統合、二次統合）を経て企業プレゼンスを拡大していく段階オプションととらえ得ることを検討する。「オプション」であれば放棄（Abandon）が可能であるが、後述する通り、「ゆるやかな提携」「経営統合に向けた検討を開始」とプレスリリースした後においても、さまざまな状況や経営方針（原資産）の変化に応じて、一定のコストを支払って白紙撤回となる事例が金融業界において散見される。本節においては損害保険業界のM&Aにおけるリアルオプションの所在を整理することにより、金融業以外の他業態においても適用可能なM&A戦略意思決定の最適化に貢献することを目的とする。

　なお、本節においてM&Aとは、図44に示されるM&Aの全体（図中）「M&A（広義）の範囲」を対象とするものとする。藤原〔2005〕によれば「M&AとはMerger and Acquisitionの略称である。直訳すると「合併・買収」という意味になる。通常は企業全体の合併・買収だけでなく、営業譲渡や株式譲渡、資本提携などを含めた広い意味での企業提携の総称として用いられており、企業に不足している経営資源（人材、設備、技術、資源など）を補うために、あるいは事業の再構築やリストラを行うために、経営権や事業資産を譲り受けたり、譲渡したりすることをいう」(p.10)と定義している。

図44　M&Aの形態

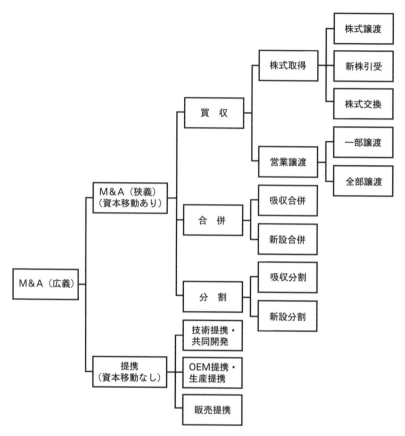

出所：藤原〔2005〕, p11

（2）1996年以降の損害保険業界M&Aの概観（表18参照）
①損害保険業界再編開始の契機

　日米構造協議により自由化を促された本邦損害保険業界は、算定会料率が任意適用となった（1998）ことにより、本格的な価格競争を強いられることとなった。損害保険業界においては自動車保険という1商品への依存度が高く、この商品の価格の自由化及び、非価格競争である各種特約・サービスの追加等により、一般企業の売上高営業利益率に該当する営業収支残高率は急

速に悪化した。また、北海道拓殖銀行／日本債券信用銀行／山一證券等の経営破たんにより、特に旧財閥系損保にとって親密に関係のある銀行の統合も影響を与えたことが考えられる。

②第一次統合

　1999年10月、三井海上＋日本火災＋興亜火災の三社統合が報道され、損害保険業界の本格的再編がスタートした。その後この三社に住友海上が加わり結果として2000年2月には三井海上＋住友海上＝三井住友海上、日本火災＋興亜火災＝日本興亜損保を構成する流れが生じる。それから2年以内に大東京火災＋千代田火災、東京海上＋日動火災、安田火災＋日産火災＋大成火災、ニッセイ損保＋同和火災の統合がアナウンスされた。このなかで東京海上と朝日生命、共栄火災のグループ化のアナウンスがされるが実現はされなかった。また、三井海上は日本火災／興亜火災との統合（拡張）オプションを放棄し、短期間の間に住友海上との統合オプションの認識をアナウンス、こちらは権利行使したとの説明が可能である。東京海上については朝日生命、共栄火災のグループ化のオプションを行使しなかったと言い換えることが可能である。

③第二次統合

　その後、日本興亜損保と損保ジャパンが合併、三井住友海上とあいおいニッセイ同和損保がグループを形成（ただし合併は未達）している。これは規模拡大によるさらなる拡張オプションの行使と捕えることができる。合併に至らないものについては「合併しない」というオプションを留保していると考えられる。

表18　1996年以降の損害保険業界のM&A概観

	1996年	正味収入保険料（百万円）		2004		2012	
三菱系	東京海上火災保険	1329583		東京海上日動火災保険		東京海上日動火災保険	東京海上ホールディングス
芙蓉系	日動火災海上保険	408757					
三菱系	日新火災海上保険	161143		日新火災海上保険		日新火災海上保険	
芙蓉系	安田火災海上保険	945038		損害保険ジャパン(2002)		損害保険ジャパン（注2）	NKSJホールディングス(2010)
芙蓉系	日産火災海上保険	293602					
古河系	大成火災海上保険	101234	(2001年破綻)				
三和系	日本火災海上保険	442901		日本興亜損害保険(2001)		日本興亜損害保険（注2）	
日通系	興亜火災海上保険	300164					
三井系	三井海上火災保険	638261		三井住友海上火災保険(2001)		三井住友海上火災保険	MS&ADインシュアランスグループホールディングス(2010)
住友系	住友海上火災保険	580827					
野村系	大東京火災海上保険	444953		あいおい損害保険(2001)		あいおいニッセイ同和損害保険	
トヨタ系	千代田火災海上保険	404324					
ニッセイ系	同和火災海上保険	236230		ニッセイ同和損害保険(2001)			
ニッセイ系	ニッセイ損害保険	3117					
農協系	共栄火災海上保険(相)	191607		共栄火災海上保険（注1）		共栄火災海上保険	農協系
大和系	富士火災海上保険	373759		富士火災海上保険		富士火災海上保険	AIG系
ニッセイ系	第一火災海上保険(相)	63838	(2000年破綻)				

（注1）東京海上グループに一時合流後脱退、農協系へ復帰
（注2）その後合併、「SOMPOホールディングス」と名称変更

出所：菊池〔2012〕，p167を一部改編

（3）金融業界における統合等に関する契約・合意等の破棄の実例

一度（どのような形であれ）アナウンスした統合／提携を破棄する場合のリスクの存在が考えられる。東京海上＋朝日生命、東京海上＋共栄火災、三井海上＋日本火災＋興亜火災、UFJ信託＋住友信託といった例がある。前2組の破棄につき、菊池〔2013〕では「東京海上火災保険は独自の保険グループ形成をめざし、個人分野に強い日動火災保険、生保の朝日生命保険との

経営統合を発表した（中略）。ところが、朝日生命保険が経営不振で脱落してしまい、参加を表明していた農林中金系の共栄火災海上保険も離脱してしまう」(p.52) としている。

また、三井海上＋日本火災＋興亜火災について、日本経済新聞社〔2004〕は「99年10月、三井海上火災保険は日本火災海上保険、興亜火災海上保険との統合をぶちあげた。だがすでに、後に三井住友銀行となるさくら銀行と住友銀行が合併を決めていた。銀行再編を無視した損保統合に対して銀行側の猛烈な圧力もあり、三井海上は三社統合を離脱。ただちに住友海上との合併を決めた。(中略)「財閥系企業の三井と住友は企業風土や給与水準などが似る一方、日本火災や興亜火災はあまりに違っていた」（三井住友海上幹部)」(p.248) としている。

さらに、UFJ信託＋住友信託については高橋〔2013〕、西川〔2011〕において関係者の視点で経緯が詳述されているほか、法的論点からは〔中東〔2005〕・宇賀他〔2018〕（Ｐ2421判例（[1]～[7]））において特に破棄のコストの認定について論じられている。

一定のコストを支払うとは言え、いったん公になったM&Aを行わない、リアルオプションに置き換えると権利を行使しないということが可能になったため、M&Aを投資とみた場合に、これは不可逆投資ではなくなってきている。また、従来の金融機関のM&Aはほぼ全て当局の指導の下に行われていた（護送船団方式）状況も、UFJ信託＋住友信託の１件により打破されたと言える。

こうした状況から金融機関にとってもM&Aは経営上のオプションであるとして論ずるための土壌ができたと言うことが可能であろう。

(4) M&Aとリアルオプション

①コールオプションに該当する場合

（a）対等な立場での合併の機会の確保

先行する同業他社の合併へ乗り遅れないため、相応の規模を確保すると考

える。同業2社が合併して2倍規模になれば、「取り敢えず花嫁を探して」同じ土俵に登り次なる業界再編のプレイヤーとなるための「オプション」を確保しているものと考えられる。日本火災と興亜火災の合併、大東京火災と千代田火災の合併、ニッセイ損保と同和火災の合併はいずれもこの目的であったと推測される。

(b) 損害保険業界における規模の経済の確保

ナンバーワンは絶対譲れない（ブランド面や経営者の「プライド」等で）という経営戦略も考えられる。他社の統合の発表により業界ナンバーワンの地位が揺らぐ場合、対抗上「取り敢えず花嫁を探して」依然として業界ナンバーワンを維持することを企図することが考えられるが、規模の面でナンバーワンであることが、他業界のように、商品／サービス／価格等でのリーダーシップを得るための「オプション」であることを意味するのかについては、自由化後の付加料率の引き下げ競争でも収益を上げるためには一定の規模の経済が必要とも考えられる。この点に関して、東京海上は永らく損害保険業界で収入保険料において業界1位の地位を維持していたが、三井住友海上や損害保険ジャパンの誕生により、その座を譲るリスクが明らかになったため、「三国一の花嫁」と呼ばれていた日動火災との合併を検討するに至ったと推定される。これに対して、三井住友海上は、すでに合併していたあいおい損保（大東京火災＋千代田火災）と経営統合することにより規模の経済を維持するという対抗策を取らざるを得なかった。

②その他リアルオプションに該当する場合
(a) 敵対的買収の回避を企図する場合（プットオプション）

長期的株価低迷による時価総額の低下による海外等からの敵対的買収リスクを嫌うという観点も考えられる。この点について欧米の金融機関の経営が好調な間はこのリスクは高かったが、リーマンショック以降はこうした動きは寡聞である。

(b) 先行者の利益を確保する観点（ゲーム理論のロジック）（コールオプション）

倍々ゲームにより規模拡大し、逸早く「メガ」の呼称を得るという観点である。この点について、現在は3大グループの規模としてはほぼ横並びだが、損害保険会社単体としては依然、統合により単独で「メガ」損保となる余地のあるグループもある。

（5）権利行使価格に関する考察
①システム統合コスト

金融業界の中でも特殊な損害保険の情報システムには下記の特徴がある（東京海上〔1991〕・菊池〔2012〕）。

（a）主要構成ブロック

新契約、請求・収納、契約管理、保険金・給付金支払等の特色あるシステムに分類される。

（b）データの特殊性

保険1契約の契約情報がテキスト換算のみで30,000バイト、件数は各社数千万件、契約は一年契約が太宗を占め、毎年更改が必要である。また、保険金支払いのため、過去の任意の時点における契約内容を全社から即時に参照できる能力が求められる。

（c）必要なリソースの制約

結果として、システム統合プロジェクトに関して外部調達可能な人的リソースが限定される。

②機会費用

ある他社との統合（提携）と、他の会社との統合の関係との関係で"○○社は××グループ入りしたのか、では△△グループとは疎遠になったな"等の市場でのレピュテーションリスクや、具体的に統合に向けて協議開始後の一方的な破棄については上述の通りUFJ信託＋住友信託について高橋〔2013〕／西川〔2011〕において関係者の視点で経緯が詳述されているほか、法的論

点からは（中東〔2005〕・宇賀他〔2018〕）において特に破棄のコストの認定について論じられている。

（6）小　括
①1999年10月に口火を切った損保の再編は進行中

グループ内損保の統合の時期・方法（SOMPO・MSAD・東京海上グループ）の動向として、SOMPO、MS&ADは各々統合により単体で業界最大手社を創造することができるがその「オプション」価値は統合のリスク、コストに比して高いと見積もられている可能性が高い。

3メガ損保は横並びのためそれらに属さない共栄火災、朝日火災、セコム損保、エース損保、富士火災等の動向により趨勢に影響を与える可能性がある。これらの損保との提携・統合等は「インザマネー」の可能性が高い。

②隣接業界との関係（いずれも、規制緩和が前提）
（a）生保業界

既存生保は一部を除き相互会社であるという点と、契約期間が長いため合併した会社内であっても現時点においてもシステム統合に目途が立っておらず、保険持株会社での統合すら難しく、伝統的損保との関係においては統合効果の原資産は確保できても、統合コストが高すぎ、「アウトオブザマネー」と思われる。

（b）銀行・証券業界

現在の世界の金融業界ではユニバーサルバンキング、アルフィナンツといった金融ワンストップ化の流れではなく、アンバンドリング化が進んでおり、保険との統合は「アウトオブザマネー」と思われるが、2007年全面解禁の保険窓販は損保の商品は特に規模の面で生保ほど浸透しておらず、将来的な投資領域として良好な関係を維持することは「インザマネー」となる可能性は高いと思われる。

第2章　事業会社（補論）

第1節　製造業（Ⅰ）──「需要予測支援システム導入によるコスト削減及び収益拡大の拡張オプション事例」（青木〔2006c〕にて骨子を報告）

（1）IT投資検討の背景（日本IBM〔2004〕他を参考）

　年間売上高1,000億円前後の中堅電気機械製造業であるあるＸ社の経営企画部Ａ部長は、最近の需要動向のめまぐるしい変化により、需要予測の誤差が拡大し、欠品による商機損失や、過剰在庫による物流コスト増加にいかに対応するかに頭を悩ませていた。そうした中、経営コンサルタントとの中期経営戦略策定セッションの中で、SCM（サプライ・チェーン・マネジメント）の導入につき、提案するパートがあった。同社は、中堅の規模であり、莫大な投資が必要とされていたSCMは、自社とは縁のないものとみなしていたが、同セッションの中で、「需要予測の精度向上」の必要性を訴える部分が、Ａ部長の関心を引いた。

（2）BSC戦略マップを用いたNPVの算出

　Ａ部長はコンサルティングファームより見積もりを取ったところ、コンサルティング、開発、導入として当初のみ $I=65$ 億円との回答があった。また、欠品の削減による営業利益の増加と、棚卸資産残高の削減による物流・資本コストの削減の効果を含む戦略の全体像をBSCの戦略マップ手法を用いて図45に整理した。

①需要予測精度向上による欠品率低下

　欠品率（年間売上個数 N に対する欠品による商機逸失の比率）が $\varDelta L$ 低下することにより、販売個数が $N\varDelta L$ 上昇し、1個当たり営業利益 Z（億円）の同社商品からの営業利益が $N\varDelta LZ$ 億円上昇する。

図45 戦略マップ「製造業における需要予測支援システム導入」

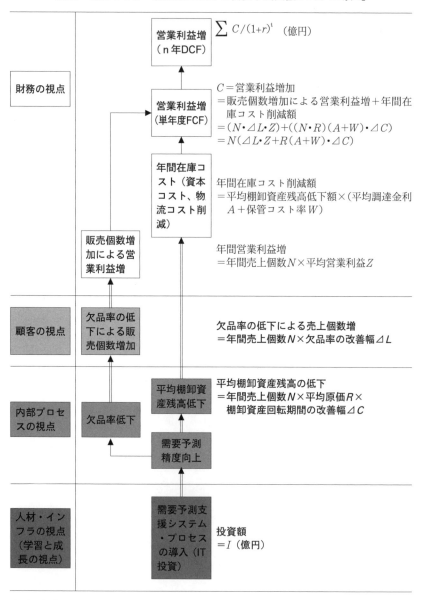

出所：著者作成

②需要予測精度向上による物流・資金コスト低下

棚卸資産回転期間が$\varDelta C$（年）改善することにより平均棚卸資産残高が年間販売個数N×平均原価R×$\varDelta C$（億円）減少し、棚卸資産残高に比例する金利負担率A、保管コスト率Wにより、営業利益が$NR(A+W)\varDelta C$（億円）増加する。

③NPVの算出

①②から得られるキャッシュフローにより、当該投資のNPVを算出する。式（1）及び同社内規定（投資の回収期間は3年、社内投資の適用金利は2.00%等、及び管理会計情報等）より、

$$\mathrm{NPV} = \sum_{t=1}^{n} C_t / (1+r)^t - I$$

$$= \sum_{t=1}^{n} N(\varDelta L \cdot Z + R(A+W) \cdot \varDelta C) \cdot / (1+r)^t - I$$

（$n=3$, $N=5000$, $\varDelta L=0.05$, $Z=0.025$, $R=0.3$, $A=0.05$, $W=0.04$, $r=0.02$, $I=65$）

$= -0.257$（億円）

となり、本投資のNPVは、2,570万円の赤字となってしまった。

需要予測の精度向上の実現に前向きであったA部長は、この結果にやや落胆した。NPVの計算式に用いた各変数のうち、$\varDelta L$、$\varDelta C$はそもそも今回のIT投資の目的でもあり、大きめの目標となっており、これ以上拡大することには無理があると思われたし、他の変数は、社内規定、社内の管理会計数値であり、NPVを大きく見積もるために数字を再検討する余地は無いと思われた。対応に窮したA部長は、先のコンサルティングファームに相談したところ、意外な回答が返ってきた。

（3）リアル・オプションの導入

このNPVは、これから3年の間、全ての数字が不変であるという仮定のもとに算出されている。しかし、例えば、N（年間売上個数）は今後3年、一定といえるのか、需要予測の精度向上が同社の喫緊の課題なのであれば、リスク軽減のため、この投資を一部だけパイロット的に行い、もしこれから1年、売上が上昇した場合に全面的に投資するということも可能であり、例えば、同社の売上の1/10を占める九州支店につき、当初I_0＝7億円で導入し、1年後に全国展開のための追加投資I_1＝63億円とすることもできる。

表19 鉱工業生産指数
（平成7年平均＝100）
(1995 average＝100)

年次	電気機械 Electrical machinery
平成5年	85.9
6	90.9
7	100.0
8	105.5
9	113.7
10	108.6
11	115.9
12	135.3
13	112.5

出所：経済産業省経済産業政策局調査統計部動態統計課「鉱工業指数年報」

その分析を行うためには、Nにつき、σ（変動係数）、r^f（トレンド項）を想定する必要がある、との内容である。この宿題に対し、A部長は、同社の属する電気機械製造業の売上高の統計を入手し分析した（表19）。

同社の年間販売個数と電気機械の鉱工業生産指数は線形の関係にあるとの仮定し、平成5年から13年までの8年間の生産指数の伸びの幾何平均 $\sqrt[8]{112.5/85.9}-1=0.034$ をドリフト項r^fとし、平成5年から平成13年の9年間の指数の変動係数（＝標準偏差/平均）＝0.128をσとすることとした。

以上の前提から、二項過程の式〈4〉を活用して同社の年間売上5,000個の1/10を占める九州支店の売り上げのシナリオを示す二項ツリーをを図46の通り作成した。

図46 九州支店における販売数量の二項ツリー

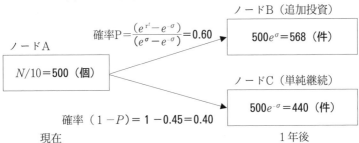

出所：著者作成

九州支店の今年の販売個数$N/10=500$が、1年後、リスク中立確率0.60でノードB：568個に、リスク中立確率0.40でノードC：440個に変化するというシナリオである。ノードBでは、全社展開のための追加投資$I_1=63$億円を投入し、ノードCでは、追加投資を行わず、そのまま九州支店での運用を続けるというものである。

（4）オプションを加味したNPV（Option）の算出

以上の前提でオプションを加味したNPV（Option）を算出した。
NPV（option）

$$=P((\underbrace{\sum_{t=1}^{n}C_0/(1+r)^t-I_0}_{\text{当初投資（7億円）}})+(\underbrace{\sum_{t=1}^{n}C_1/(1+r)^t-I_1}_{\text{追加投資（63億円）}})(1/(1+r)))$$

　　　　　　　　　　　　　　　　… 上昇シナリオ（確率0.60）

$$+(1-P)(\underbrace{\sum_{t=1}^{n}C_2/(1+r)^t}_{\text{追加投資なし}})$$

　　　　　　　　　　　　　　　　… 下落シナリオ（確率0.40）

$=1.643$（億円）

$(C_0=N_0(\varDelta L \cdot Z+R(A+W) \cdot \varDelta C)$, $C_1=N_1(\varDelta L \cdot Z+R(A+W) \cdot \varDelta C)$, $C_2=N_2(\varDelta L \cdot Z+R(A+W) \cdot \varDelta C)$, $r=0.02$, $t=3$, $P=0.60$, $N_0=500$,

$N_1=568$, $N_2=440$, $\varDelta L=0.05$, $Z=0.025$, $R=0.3$, $A=0.05$, $W=0.04$, $r=0.02$, $I_0=7$, $I_1=63$）

　結果として、このシナリオ全体のNPVは、当初部分的に投資し、1年後の状況に応じて追加投資を行うという「拡張オプション」の導入により、1.643−（−0.257）=1.899億円増加し、1.643億円となった。A部長は、この投資を実行することにした。

（5）小括

　本節においては、製造業における需要予測システムの導入に焦点を当て、定量化の困難性と、不確実性の評価というIT投資効果の定量評価の2大課題に対し、一定の解決策となるモデルを提案することができた。この2つの課題の解決を経営者の視点で活用するケースを目的としたために、情報システム投資のコストが期初の一時点でのみ生じる、毎年の投資効果は一定である等のやや強い仮定を置いていることは課題と認識されるものの、製造業経営者の視点でリアル・オプションとBSCをIT投資の評価に活用する骨格を提示した。

　また、本節のテーマはSCMであり、「物」を取り扱う流通業、運送業、倉庫業等にも適用可能である。

本書の貢献と課題

（1）本書の貢献

①戦略的IT投資定量評価フレームワークの提案

　本書においては、対象を戦略的IT投資として、定量評価する手法を検討し、IT投資効果のみならず、IT投資額も含めたIT投資の定量評価フレームワークを提案した。従来別個に存在し、相互に関連付けられていなかった各種手法を最終的にIT投資評価の算出に統合、さらにコストと効果の四項格子によるIT投資額のリスクや、The Profit Zone等の新規手法を提案したことは本書の貢献である。

　加えて事業投資における無裁定条件（式〈3〉の条件（$0<d<1+r<u$））は、その性質上、裁定の機会が事実上存在しないため、考慮不要であることを明らかにしたことは、ドリフト項の推定という、リアルオプションの実際への適用のハードルを大きく引き下げる内容であり、注目に値する。

②戦略的IT投資定量評価フレームワークの業種別適用例の提示

　従来のIT投資評価に関する先行研究は、特に金融機関の業種別事例が不足しており、このことが、実務者へのIT投資定量評価の普及の障害の一因であったと考える。本書においては、金融業各業態、製造業にまで広げ、ケースを提示した。これらのケースの存在によって、実務者が戦略的IT投資評価フレームワークを活用してIT投資評価の実施の検討の端緒とすることを可能にしたことが、本書の貢献である。

③最新のトピックであるFinTechにつき、「FinTech支店」「FinTechワンストップサービスチャネル」「リスクリテラシー」等の提案や、問題提起を行ったことは本書の貢献である。

④自然災害というこの国に不可避のリスクにつき、投資効果を検討するフレームワークの乏しい領域であったBCPの観点から取り組んだことは本書の貢献である。

(2) 今後の課題
①本書において採用した手法に関する課題

本書においては、バランスト・スコアカード、アクティビティ・ベイスト・コスティング、リアル・オプション、ゲーム理論、The Profit Zoneの手法を活用し、コストのリスクも評価する四項格子を新たに提案したが、いずれも、IT投資評価における先行研究が全くないか、あっても限られているものばかりであったため、全体を統合したフレームワークを提案した本書においては、いずれも、基礎的な部分の活用にとどまっている。今後、特にリアル・オプション及びゲーム理論については、最新の手法まで含めて、IT投資の定量評価という大命題への最大限の貢献を検討する余地は残されている可能性が高い。更に、四項格子及びThe Profit Zoneについては、著者独自の提案であり、更に深く広く検討する必要がある。

一方で、「事業投資のボラティリティ推定にあたり、無裁定の条件は裁定機会が事実上存在しないため、考慮不要」という実務へのリアルオプション導入に革新的な事実については、これをいかに普及させるかという著者を含む研究者の「アウトリーチ」に目する大きな課題となった。

②本書にて策定した事例に関する課題

本書においては、先行研究の少ない、IT投資評価の金融機関業種別モデルを提供した。①とも関連するが、先行研究に比べると現実に相当程度近付いたのは事実であるが、非常に複雑な現実の状況と比べると、簡略な事例である感は否めない。銀行、証券、生保、損保、電気機械製造業の各事例については、極力業界の収益構造、経営課題等を踏まえて記述しているが、あくまでも仮想事例であり、本書の提案する「戦略的IT投資定量評価フレーム

ワーク」の全てを活用した実事例よりケースを策定することができれば、さらに実用的なモデルとして実務上受け入れられることが期待される。

さらに、景気回復局面という状況を勘案して、事例をコール・オプション中心とし、プットオプションを1件のみとしたが、自然災害や情報セキュリティ等各種リスク管理への関心が高まる中、加藤〔2004〕のような、プット・オプション事例のさらなる策定も有用と思われる。

③本書の対象としたIT投資の範囲に関する課題

本書においては、金融機関の戦略的IT投資を中心に検討したが、本書の提案するフレームワークは、金融機関以外や、IT投資以外にも適用が可能である。各投資案件の実務者による活用により、本モデルがさらに洗練されることが期待される。

増補改訂版
あとがき

　本邦の金融機関はFinTechという"黒船"の来襲に直面し、幕末のそれと同様に開国派、攘夷派、静観を決め込む派等が入り乱れながら様子見をしているように見える。当局による「護送船団」として経営の戦略的意思決定が不要であった時代は過去のものとなった……はずであるが、はたして本当にそうであろうか。自ら意思決定を行なうことを避け、FinTechについても何らかの「護送船団」の出現を受動的に待ち続けてはいないか。

　「開国」も「攘夷」も「静観」も当然ながら経営上のOptionである。ここに、本邦金融機関のFinTech経営リスク処方箋としてReal Optinsを登場させる意義がある。

　大手書店の店頭にはFinTech関連の書籍が多数平積みで販売され、新聞紙上でもFinTech関連記事を目にしない日を探すのが困難な状況であるが、本邦金融機関がいかにFinTech事業リスクに対処すべきかという観点からの書籍・記事等は寡聞にして知らない。本書はまさに、ここに一石を投ずるべく世に問われるものである。

　外務省もリスク管理のモデルとして広報に活用している「ゴルゴ13」は、自身の強さの理由について問われ、「10％の才能と20％の努力、30％の臆病さ、残り40％は運」と語っている。任務成功率99％を超える彼にとっても「40％は運」というのは注目に値する。"運"とは確率過程で表現されるものといっても問題なかろう。この４つの要素のうち、本邦金融機関の経営陣には「努力」しか眼中にないような気がしてならない。彼らにとり「才能」とは人間関係力のみであり、「臆病さ」（リスク管理・コンプライアンス等）は当局が再三指導しても徹底できず、「運」（＝リスク）は、さも存在しないかのように硬直的な戦略のみ選択しているように映る。そして唯一着目していると思われる「努力」についても実態は「根性論」のみであり、従業員や販売

チャネルのみならず、顧客を含む外部にまで圧力をかけることによって収益を向上させることを唯一絶対の経営戦術であると盲信しているようにしか思えないのは著者だけであろうか。

なお、締めくくりとして、本書の原稿がほぼ完成した平成最後の年末年始に本邦金融機関経営等をめぐる大きなトピックが多数報道されたため、この場で著者としてのコメントを記し、筆を置くことにする。

まず、銀行業界では、2018年12月25日の「全銀EDIシステム（ZEDI）」のサービス・イン（利用開始）が挙げられる。振込情報に、取引明細等の情報を添付することが可能になり、受取企業、特に中小企業の振込処理の効率化が期待される。支払企業と受取企業の双方がZEDIを利用しなければならないという制約を除けば画期的な取組と言えよう。同月26日には三菱UFJフィナンシャルグループ（MUFG）の次期社長人事が発表されている。やはりと言うか残念なのは、第2部でも指摘した通り1979年入社という「完全横並び世代」という点である。また、私立大学文系学部が最終学歴であり、リスクの定量化、計数能力には全く期待できない。この点に論及したわけではないが、1月3日には経団連の中西宏明氏が「デジタル社会を生き抜くには、数学の知識も不可欠」「私は文系だから、高校以上の数学はやらない」というのは、「これからの時代には通用しない」と提言している。全く同感である。前任者による推薦文言も同日報道され、「修羅場を明るく乗り切るリーダーシップ」とあり、これは著者も多数のプロジェクトでリーダーを任じており、プロジェクトマネジメントにおいて必須の能力ではあるが、MUFGのトップとしての「必要条件」ではあり得ても、「充分条件」には程遠い人選と断じざるを得ない。そもそもMUFG傘下の三菱UFJ信託銀行が2018年12月19日午前に発生させた大規模なシステムトラブルについて何のコメントも発していないし、氏が策定した2018年度から6年間の経営計画も「業務量の削減」「店舗の統廃合」であり「リストラ」の域を出ていない。「ITと金融を融合した決済サービスの強化」を所信に挙げているが、本邦金融業界の中でも周回遅れのAgendaである感は否めない。1月19日には東京海上ホー

ルディングスの社長人事が公表されたが、こちらは80年代入社で国立大学工学部卒業である。リスクリテラシーについての素養の違いは明白である。

　同28日にはみずほFGが、2019年3月目途に地銀60行と共に「メガバンク初のデジタル通貨」である「Jコイン」を発行するとある。一見して、メガバンクもここまでたどり着いた、とエールを送りたいところではあるが、著者の懸念は、こうしたネットワークサービスに必須の外部経済性にある。このサービスは、第1部で挙げたフィーチャーフォンの様にガラパゴス化するのではないか、「アリペイとの提携を視野に入れている」とのことであるが、多くのビットコインやポイントサービス、通貨との互換性が担保されない限り、ガラパゴス化のリスクは高い。もう一点の懸念は、参加予定の「地銀60行」の態度である。メガバンク系列の地銀の投資意思決定として一定のコスト効率性は認められるものの、上述した通り、やはり護送船団の登場を待っていたと断じざるを得ない。そもそも、「みずほFG＋地銀60行」でガラパゴス化してしまうくらいなら上述のZEDIの様に、「全銀協」という、日本の預金取扱機関全てをカバーする「護送船団」で実施した方が、ガラパゴス化のリスクが低下するという意味でBetterではなかろうか。

　損害保険業界では、17日に東京海上日動火災保険が月内にも「情報銀行保険」を販売開始することが報道されている。GAFA（Google、Amazon、Facebook、Apple）による情報流出、中国等によるサイバーテロ等というHot Topicに対応する、時宜を得た商品である。23日には三井住友海上火災が、コールセンターと通話可能なドライブレコーダー付自動車保険のカラー全面広告を掲載した。同社の前身の一社である、住友海上火災保険では、1996年の時点で、自動車保険の事故処理対応事務をWindows95上でワークフローとして実現するシステム「Active」を、当時業界第4位（収入保険料ベース）でありながら世界に先がけて導入する等、ITの活用に長じている点がDNAとして息付いているものと思われる。

　行政、規制面でも大きな動きがあった。年明けの1月1日には、政府が2019年4月にも金融・ITを含む「重要インフラ」の保有電子データを「国

内のサーバーでの保存」を求めることが一面Topで報道された。中国等のサイバー攻撃を念頭に入れていると思われるが、著者は規制に2つの懸念を持っている。一つは、リスクマネジメントの視点から日本国内にデータを限定することによる「集積リスク」（平田〔1995〕）である。日本国内全体に物理的な損害が生じた場合、バックアップは一切存在しないということになる。1989年3月の、カナダのケベック州全体で9時間にわたるブラックアウト（停電）も生じた原因は「磁気嵐」であった。同様のリスクは、核爆発でも生じ得るものであり、もし日本全体が被災した場合、データは全滅する。この点についてGAFA等の利用するクラウドコンピューティングでは、全世界に複数のサーバーを保有し、多重化等を行うことによって、一ヶ所の拠点が物理的に壊滅したとしても、データは保全される体制になっており、これがクラウドコンピューティングのメリットともなっている。また、サイバー攻撃を行う側からしても物理的に一ヶ所に集積し、しかも同じ技術で、守られているデータであれば攻撃が容易となる。第2に、第1とも重なるが、第1部で挙げたFinTechの加速要因でもあるクラウドコンピューティングの普及が制約されてしまう点を懸念する。コスト効率化・セキュリティの観点からも、「オンプレミス」ではなく「クラウドコンピューティング」を活用すべきである。日本全体の課題（菰田〔2017〕）である国際化にも逆行している。さらに目前に迫ったテーマとして、マイクロソフト社のOSのサポート切れによる2025年問題もどう解決するのか。

　12月22日には、「多摩面」ではあるが小池百合子東京都知事が、「2020に向けてテレワークの定着を目指す」とある。著者が2000年より大手外資系ITベンダーでテレワークを実践していたのに比べると20年遅れではあるが、とにかく始めることは大切であり小池知事の様に個性のある方の意思はこの「ムラ社会」日本で浸透させるのは並大抵のことではないが、日本の先頭として「東京都知事」という立場で、最大限頑張って欲しいと願っている。

　また、27日には東京電力福島第一原子力発電所の事故をめぐって同社経営陣への「強制起訴」の「論告求刑」が実施され「3人は巨大津波を予見でき

増補改訂版　あとがき

たのに漫然と原発の運転を続けて事故を起こし、多くの人々を苦しめた」と検察官役の担当弁護士が述べている。全く同感である。唯一残念なのは、検察庁が不起訴にした件を検察審査会で起訴された、という点である。この「国」は何故この件を検察官が起訴することができなかったのか。原子力「ムラ」を国があくまでも庇護していると断じざるを得ない。以上、全て読売新聞の報道に基きコメントしたが、本文で述べた厳しい状況の中でもこの国にはまだ期待できる、これらの報道の様な動きがあるからこそ、著者は発信し続けているという点につき、読者諸士におかれては何卒ご理解賜りたい。

2019年年始　東京にて

著　者

2019年6月、米Facebook社が暗号資産"Libra"発行のプレスリリースを行った。著者は、これが世界の暗号資産のトップシェアを占めるものとなる可能性が大であるとの確信に至ったため、短報として追録を行った。

2019年盛夏

2019年9月、10月に台風第15号及び第19号がこの国に甚大な被害をもたらした。妻と著者が2017年3月に居を定めた多摩川の河成（河岸）段丘・立川面の低層マンションに比べ、同じ多摩川の氾濫原に多数立地するタワーマンション群の電源部分への浸水による深刻な被害も、東京電力福島第一原子力発電所の津波による電源停止がメルトダウンを引き起こしたという地下の電源の浸水リスクという教訓に全く学んでいないことが原因であることをここに記す。

2019年晩秋

【追録】

Facebook "Libraに関する短報"

　2019年6月19日付朝日新聞朝刊（14版1面）によれば米Facebook社（以下、FB社）は同18日、暗号資産「リブラ」の発行を発表した。

　結論として、このサービスが実現すれば、青木（2017）p74が「スマートフォン上で実現されるサービスは、トップシェアにならなければ事実上生き残りは不可能」（本書第1部第1章第1節に再録）と指摘している「トップシェア」を少なくとも個人間の決済において獲得する可能性が高い。以下、そう考える理由と本邦での対応の提言を示す。

I 既存のインフラに存在しない利便性・経済性

　FB社は実名を原則とする顧客基盤では世界最大（27億人超）とされ、今後他のいかなる組織（官・民・学その他すべてを含む）においても、これを超えることは不可能と考える。国家を枠組みとするいかなる連合等も参加国同士がその構成する国民等の情報を自由に共有することは地政学的にもあり得ない。またFB以外の主要ソーシャルメディアは匿名性を原則にしており、こうした決済、とくに国境をまたぐ送金にはなじまない。大手金融機関も「口座」の存在を前提としているうえ、顧客基盤が偏在しており（国家・地域の地理的分布においても顧客の所得の分布という意味においても）、そもそも顧客基盤の「数」において比較の対象となり得まい。こうした状況では「ネットワークの外部性」が発揮されやすく、少なくとも個人間において、言うまでもなくFBには多数の企業の公式アカウントも存在するため、今後B2B、B2C等の決済へも参入する能力を有する。その上に、既にVISA、DC、PayPal等のグローバルシェアを有する決済インフラが参加を表明しているし、スポティファイ等の新しいコンテンツサービスやUber等のサブスプリクション

【追録】

によるシェアリングエコノミーのプレイヤーの存在もあり、高い利便性・経済性が期待される。

II 高い中立性と顧客情報の保護

上記記事の中で（14版7面）、「FBの個人情報の扱いには不安が残るうえ、マネーロンダリング［資金洗浄］のリスクもあり、一層、本人確認に力を入れるべきだ」（三菱UFJリサーチ＆コンサルティング廉了（かどさとる）主席研究員）とあるが、文中「FB」をたとえば「三菱UFJ銀行」に入れ換えたとしても、同じことが言えるのではないか。却って「リブラ」の発行団体となる「リブラ協会」は永世中立国であるスイス連邦のジュネーブに設立されており、同国所在の金融機関の矜持である顧客情報の保護に期待できる。例えば、三菱UFJ銀行は司法当局からの求めがあれば容易に顧客情報を開示することは明らかである（「捜査関係事項照会センター」なる専担部署が存在する）。そもそもFBは、LINE等と異なり、司法当局の開示請求には容易に応じないことは広く知られている。このようなFBの100％子会社「カリブラ」が永世中立国であるスイスに設立した発行団体「リブラ協会」は、他のどの国の金融機関よりも顧客情報を「守って」くれることが期待できよう。

司法当局の開示請求には応じるべきと言うのも、一つの正義ではあるが、それでは、「いかなる国・地域」からの求めであっても、それが「司法当局」によるものであれば、金融機関等は顧客情報開示に応じるべきなのか？　それは大いに疑問であろう。

「真に中立である」ということの意義や、「顧客情報の保護」という言葉のもつ重みを再考すれば、上記の研究員のコメントは成立しないことは明らかである。

III 「通貨」と比較した信頼性

一方、5月31日には改正資金決済法と改正金融商品取引法が成立している。そのなかでは、「仮想通貨」の呼称が「暗号資産」に改められたほか、暗号

資産への「取引証拠金規制」の導入が盛り込まれている。FBの暗号資産「リブラ」の発行団体「リブラ協会」は主要通貨や短期国債等のリスクフリー資産での「100％」の準備金を求めるとしており、各国の証拠金規制をクリアすると考えてよい（倍率1倍以下であり、レバレッジが存在しない）。さらに、現在の主要通貨が「不換（兌換ではない）」であることを併せると、「通貨」そのものと「リブラ」に信頼性という観点で有意な差は生じないといえよう。投機的取引の対象となり得るという点も、通貨にも該当する。却って、通貨の発行主体（国・地域）によっては、「リブラ」よりもさまざまなリスクが高いことさえ想定されよう。

IV　SDGs（国際連合〔2015〕）との関係

　開発途上国等在住や難民等、銀行口座を取得することが困難な、数十億人とも言われる人々にとり、スマートフォン（マイクロファイナンスでは1人1台である必要もない）さえあれば容易に世界中の人々からの送金を受け取り、送金を行なうことが可能になることは、世界の均衡ある発展にとり、こうした人々の経済活動を容易にするという観点からも、有効である。「口座」の開設の必要な銀行よりはるかにハードルを下げることができるという点からも、国連の推進するSDGsの趣意にも合致する。

V　邦銀の現状と「リブラ」対応への提案

　著者は2013年に個人的に国際学会の大会参加費を海外に送金した。口座を開設済でインターネットバンキングも利用可能であった三菱UFJ銀行では、チャネルこそ窓口営業時間外でのACMでの対応であったが、時間とコストの負担が以下の通り大であった。インターネットでの対応は不可で、ACMとはいえ、そこに出向かなくてはならなかったうえ、送金の理由を示すバウチャーも必要であった。仕向口座への着金まで「数日」を要するうえ、手数料も「数千円」必要であった。ACMでの対応であった点は邦銀のなかでは先進的なもの（当時）であったかも知れないが、PayPalの参加が予定され

【追録】

る「リブラ」の提供するサービスには、時間・コスト・利便性のすべてにおいて及ばないことは明白であろう。

　本邦金融機関は、7月になり「G7」や「アメリカ合衆国議会」にてようやく始まった当局による「リブラ」対応の検討から、具体的に各国が規制を決定するまで、ただ「様子見」をしている場合ではないのではないか。少なくとも個人間の国際決済（あえて《外国為替》とは呼ばない。それは「銀行」や「口座」を前提としているからである）につき、「リブラ」へのインターフェイスや、積極的参画等の「オプション」を具体的に検討し、確保すべきであろう。それ以外の選択として決済ビジネスからの「縮小オプション」「撤退オプション」も検討する必要もある（当局規制緩和のタイミングをリスク要因とするBenaroch and Kauffman〔1999〕参照）。

　本書の「はじめに」で示したとおり「時は無限ではない」。「規制」を「待つ」だけでなく、主体的に「オプション」の検討、確保が必要と考える。

　　2019年7月　　　　　　　　　　　　　　　　　　　著　者

　最終の校正の出版社への発送を明日に控えた本日、日本国内でのユーザー数8,000万人を超えるLINEの親会社NAVER社と同5,000万人を超えるYAHOO!（Zホールディング）の親会社SoftBank社の間で、LINEとYAHOO!の経営統合の契約書が締結された。これは、当短報に即して言えば、「LINEペイ」と、YAHOO!の「ペイペイ」を統合する上、メッセージサービスと検索サービスの国内「ガリバー」であるとともに、SoftBankグループのASKやZOZOTownをも包括する「プラットフォーマー」を目指すものであり、アジア全体を視野に入れることのできる日韓合弁企業の誕生にエールを送りたい。さあ、金融機関、どう出る？

　　　　　　　　　　　　　　　　　　　　　　　　2012年11月18日

参考文献一覧

相沢幸悦（2006）『平成金融恐慌史―バブル崩壊後の金融再編―』ミネルヴァ書房
───（2007）「第6章信用論と金融システム」『現代経済と経済学』pp.163-191, 有斐閣
相原瑞生（2017）「確率的フロンティアモデルを用いた地域銀行の合併による効率性分析」『経営情報学会2017年度秋季全国研究発表大会予稿集』経営情報学会
青木克人（2001）「研究計画書」埼玉大学大学院経済科学研究科博士前期課程
───（2004）「金融機関のIT投資効果の定量評価―リアルオプションとバランススコアカードを活用したアプローチ」『証券経済研究第48号』 日本証券経済研究所
───（2005）「生命保険会社IT投資のリアルオプションによる分析」『日本保険・年金リスク学会第3回全国大会予稿集（日本大学世田谷キャンパス）』日本保険・年金リスク学会
───（2006a）「証券業IT投資のリアル・オプション分析―コストと効果の四項モデルによるアプローチ」『証券経済学会春期全国大会予稿集（成蹊大学）』証券経済学会
───（2006b）「The Profit Zoneのリアル・オプションへの適用の検討」『日本ファイナンス学会春期全国大会予稿集（東京大学本郷キャンパス）』日本ファイナンス学会
───（2006c）「製造業における情報システム化投資効果の定量評価に関する仮想ケースの策定」『経済科学論究 第3号』埼玉大学経済学会
───（2007）『戦略的IT投資定量評価フレームワークの構築―その適用事例―』埼玉大学博士論文
───（2011）『情報システム化投資の定量評価―金融機関業態別モデルの構築―』時潮社
───（2012）「気象リスクと意思決定―リアルオプション適用の可能性の考察」『JAROS2012予稿集（早稲田大学日本橋キャンパス）』日本リアルオプション学会
───（2015）「損害保険業M&Aのリアルオプションとしての考察」『JAROS2015予稿集（国際大学）』日本リアルオプション学会
───（2017）「FinTech - Real Optionsに何ができるか」『リアルオプション

と戦略』Vol.9 No.3, 日本リアルオプション学会

朝倉正（1990）『産業と気象のABC』正山堂書店

アンダーセンコンサルティング・金融ビッグバン戦略本部（1999）『金融業のIT産業化』東洋経済新報社

石川貴康（2010）『サラリーマンは自宅を買うな』東洋経済新報社

伊藤晴祥他（2012）「天候デリバティブによるリスクマネジメントの効率性の検証：Ｊリーグにおけるケーススタディ」『リアルオプション研究Vol.5 No 1』日本リアルオプション学会

伊藤誠彦（1999）『コンピタンスバンク・変革の時代の情報技術活用計画』経済法令研究会

伊藤嘉邦（2003）『STP戦略で変わる！金融機関』金融財政事情研究会

今井賢一（2000）「産業組織のダイナミクス：新たな分析枠組みとしてのプラットフォームとリアルオプション」『現代経済学の潮流2000』東洋経済新報社

今井潤一（2004）『リアルオプション　投資プロジェクト評価の工学的アプローチ』中央経済社

─────・渡辺隆裕（2004）『戦略思考を取り入れたリアル・オプション─離散2時点モデルによる分析─』http://www.nabenavi.net/paper/download/jan4-1.pdf

上野清貴（2005）『公正価値会計と評価・測定─FCF会計、EVA会計、リアル・オプション会計の特質と機能の究明─』中央経済社

鵜飼康東（2003）『銀行業情報システム投資の経済分析』多賀出版

宇賀克也・中里実・長谷部恭男・佐伯仁志・酒巻匡編集代表（2018）『有斐閣判例六法 Professional　平成31年度版01』有斐閣

大串葉子（2007）「第7章バランスト・スコアカード」『IT投資マネジメントの発展─IT投資効果の最大化を目指して─』白桃書房

大野隆司（2011）『一歩先のクラウド戦略』東洋経済新報社

小笠原泰・小野寺清人他（2003）『情報システム投資の基本がわかる本』日本能率協会マネジメントセンター

岡田定（1999）『情報投資の経営的価値─評価による改善の促進─』同文舘出版

岡村存（1993）『天気予報はどこまで正確にできるか』森北出版

小野雅弘（2004）『解る！使える！天候デリバティブ』シグマベイスキャピタル

貝塚啓明（2002）『金融』東洋経済新報社

加藤敦（2002）「IT分野におけるリアルオプション適用の可能性」
（http://www2.dwc.doshisha.ac.jp/akatoh/realoptions.html）同志社女子大学

─── (2003)「第2章ブロードバンド・コンテンツ・ビジネスに向けてのIT投資評価：「リアルオプション＋BSC」の提案」『ブロードバンド・コンテンツのプラットフォームと制作プロセスに関する研究』企業活力研究所

─── (2004)「ITセキュリティ投資とリアルオプション」『同志社女子大学　学術研究年報　第五十五巻』同志社女子大学

─── (2006)「第11章サプライチェーンのオプション戦略」『金融・契約技術・エージェンシーと経営戦略』東洋経済新報社

─── (2014)「青木克人著『情報システム化投資の定量評価―その適用事例』(書評)」『リアルオプションと戦略』No.6，日本リアルオプション学会

─── (2017)「我が国企業のIoT投資の推進に向けて」『リアルオプションと戦略』Vol.9 No.3，日本リアルオプション学会

株式会社エイブル編〔2005〕『「一生賃貸！」家を持たないという価値観』ダイヤモンド社

嘉本慎介 (2004)『投資の戦略的な意思決定：リアルオプションとゲーム理論の応用分析』http://www.biwako.shiga-u.ac.jp/risk/Kamoto2004-09.pdf

刈屋武昭他 (2005)『天候リスクの戦略的経営―EaRとリスクスワップ』朝倉書店

菊池浩之 (2012)『損害保険システムの基礎知識』保険毎日新聞社

─── (2013)『図ですぐわかる！　日本100大企業の系譜』KADOKAWA

岸本義之 (2004)「特集ケーススタディ　投資意思決定とリアル・オプション　Eビジネス等新規事業投資への応用」『企業会計 56巻6号』中央経済社

京都大学防災研究所監修 (2011)『自然災害と防災の事典』丸善出版

清嶋直樹 (2003)「特集　IT投資効果の測定術」『日経情報ストラテジー第12巻第8号』日経BP社

金融情報システムセンター (1994)『金融機関等におけるシステム投資の効果測定に関する研究会報告書』金融情報システムセンター

────────── (2002)『金融情報システム白書（平成15年版）』財経詳報社

経営情報学会情報システム発展史特設研究部会（編）(2010)『明日のIT経営のための情報システム発展史　金融業編』専修大学出版局

国際連合 (2015)「我々の世界を変革する：持続可能な開発のための2030アジェンダ」『持続可能な開発サミット（国際連合本部、NewYork）』

国立天文台 (2018)『理科年表2019　平成31年』丸善出版

小林玉夫 (2001)『生命保険の知識』日本経済新聞社

小南俊一（監修）・谷守正行（著）(2005)『BSCによる銀行経営革命』金融財政事

情研究会
菰田久男（2017）「テキストマイニングに基づく日本企業国際化の研究」『政策科学学会年報』No.7，政策科学学会
櫻井通晴（2001）『ソフトウエア管理会計』白桃書房
─────（編著）（2002）『企業価値を創造する3つのツールEVA・ABC・BSC』中央経済社
─────（監修）・谷守正行（編著）・高木貞樹・西田文博（著）（2002）『金融機関のための管理会計』同文舘出版
実積寿也（2005）『IT投資効果メカニズムの経済分析』九州大学出版会
島田晴雄（2003）『住宅市場改革』東洋経済新報社
週刊東洋経済編集部（2003）『週刊東洋経済臨時増刊　保険ビジネスの現在・未来が見える　生保・損保特集　通巻5842号』東洋経済新報社
鈴木一功（1999）『MBA　ゲーム理論』ダイヤモンド社
鈴木光男（2003）『新装版　ゲーム理論入門』共立出版
須田慎一郎（2003）『巨大銀行沈没　みずほ失敗の真相』新潮社
スライウォツキー/モリソン著（1997）、恩蔵直人/石塚浩訳（1999）『プロフィット・ゾーン経営戦略』ダイヤモンド社
─────────、成毛眞監訳/佐藤徳之訳（2001）『デジタル・ビジネスデザイン戦略』ダイヤモンド社
スライウォツキー著、中川治子訳（2002）『ザ・プロフィット』ダイヤモンド社
高橋温（2013）『金融再編の深層　高橋温の証言』朝日新聞出版
田沢務（2006）『金融大統合時代のIT戦略』NTT出版
立平良三（1994）『新しい天気予報─確率予報とナウキャスト─』東京堂出版
─────（1999）『気象予報による意志決定　不確実情報の経済価値』東京堂出版
田中歩（2017）「「賃貸派」と「持ち家派」30年後に笑うのはどちらか」『プレジデント　第55巻第5号』プレジデント社
谷守正行（2002）「IT資産の原価計算と投資効果測定　〜バランスト・スコアカードを使ったIT戦略投資〜」『バンキングシステム　第32巻第3号』コンピューターベイストマネジメントカレッジ
地域金融機関EB研究会（2003）「地域金融機関の法人取引におけるIT活用」『金融情報システム　通巻267号』金融情報システムセンター
辻庸介・瀧俊雄（2016）『FinTech入門』日経BP社
東京海上（1995）『企業リスクのすべて　その事例と対策』東洋経済新報社
東京海上火災保険・東京海上システム開発（1991）『損害保険とコンピュータ』損

害保険事業総合研究所

東洋経済編集部（1998）『週刊東洋経済　臨時増刊　リスクと損害保険　98年版』東洋経済新報社

──────（2012）『週刊東洋経済　臨時増刊　生保・損保特集』東洋経済新報社

戸川尚樹・小原忍（2003）「特集　間違いだらけのROI」『日経コンピュータ　通巻546号』日経BP社

栃本克之（2001）「誌上Business School　経営革新入門　リアル・オプション　上／下」『週刊東洋経済　6月16日号／6月23日号』東洋経済新報社　pp.138-139/pp.54-55

中東正文編（2005）『UFJvs.住友信託vs.三菱東京　M&Aのリーガルリスク』日本評論社

西川善文（2011）『ザ・ラストバンカー　西川善文回顧録』講談社

西日本シティ銀行合併史編纂委員会編（2013）『西日本シティ銀行誕生への道のり―合併は何故成功したか』金融財政事情研究会

日経コンピュータ編集部（2002）『システム障害はなぜ起きたか―みずほの教訓』日経BP社

日経コンピュータ（編）（2016）『FinTech革命　テクノロジーが溶かす金融の常識』日経BP社

日経システム構築（2005）『さらば！失敗プロジェクト』日経BP社

日経情報ストラテジー編集部（2005）『バランス・スコアカード徹底活用』日経BP社

日本IBM（2004）『オンデマンド時代のビジネスコラボレーション　次世代型SCMによる企業変革』工業調査会

日本アクチュアリー会（2000）『損保2（平成12年改訂版）』日本アクチュアリー会

日本気象学会（2018）「平成30年7月豪雨」『天気』Vol.65, No.9 pp.636-637

日本金融通信社（2003）「ネット取引口座が急増　みずほインベスターズ4倍増　コスモは下期3万口座突破へ」『ニッキン2003年11月7日号』日本金融通信社

日本経済新聞社編（2004）『UFJ三菱東京統合　スーパーメガバンク誕生の舞台裏』日本経済新聞社

日本経済新聞社（2006）「大手銀、情報化投資26％増　今年度4425億円　生体認証に対応」『日本経済新聞　2006年9月13日　朝刊』日本経済新聞社

──────（2012）「保険金支払い素早く　損保、被災者支援を強化」『日経

夕刊 2012年10月4日』日本経済新聞社

能澤徹（1999）『国際標準プロジェクトマネジメント　PMBOKとEVMS』日科技連出版社

野村総合研究所（2002）「プロが教える業種・業務知識　証券会社編」『日経ITプロフェッショナル　9月号〜12月号　通巻4号〜7号』日経BP社

土方薫（2001）『総解説　保険デリバティブ—新しいリスクヘッジソリューションの挑戦』日本経済新聞社

─── （2003）『総論　天候デリバティブ—天候リスクマネジメントのすべて—』シグマベイスキャピタル

平田周（1995）『リスクアセスメント　ET・FT法による企業の危機管理、地域災害対策』日刊工業新聞社

広瀬一人（2001）「投資判断の新潮流　不確実性から利益生む」『日経情報ストラテジー　10巻10号』日経BP社

広瀬尚志監修（2003）『天候デリバティブのすべて—金融工学の応用と実践—』東京電機大学出版局

藤川太（2012）『マイホーム、買ったほうがトク！』朝日新聞出版

藤原総一郎編著（2005）『M&A活用と防衛戦略』東洋経済新報社

ベリングポイント（2003）『バランス・スコアカード導入ハンドブック』東洋経済新報社

眞壁修（2001）『図説　よくわかる金融ネット』PHP研究所

松島桂樹（1999）『戦略的IT投資マネジメント』白桃書房

真弓重孝（2002）「不透明時代を乗り切る「意思決定方法」時には先送りも英断に」『日経ビジネス　1118号』日経BP社

御立尚資・柳川範之（2014）『ビジネスゲームセオリー　経営戦略をゲーム理論で考える』日本評論社

向壽一（2000）『メガバンク誕生　金融再編と日本の行方』日本放送出版協会

文部科学省（2006）「地震調査研究の推進について—地震に関する観測、測量、調査及び研究の推進についての総合的かつ基本的な施策—の評価について「主な長期評価結果」」http://www.jishin.go.jp/main/seisaku/hokoku06c/so_hyoka_s9.pdf

山口浩（2002）『リアルオプションと企業経営』エコノミスト社

山本大輔（著）・刈屋武昭（監修）（2001）『入門リアル・オプション』東洋経済新報社

吉川武男、ジョン・イネス、フォークナー・ミッチェル（編訳著者）（1997）『非製造業のABCマネジメント—金融・保険・電信電話の実践から学ぶ』中央経済社

吉川武男 (1999)『金融機関のABCマネジメント』東洋経済新報社

リクルートホールディングス (2015)『SUUMO新築マンション 首都圏版 6月9日号』リクルートホールディングス

KPMGビジネスアシュアランス (2004)『ビジネス継続マネジメントガイド』中央経済社

Amram, M. and Kulatilaka, N. *Real Options* (Boston: Harvard Business School Press, 1999)(石原雅行他訳 (2002)『リアル・オプション 経営戦略の新しいアプローチ』東洋経済新報社)

Benaroch M. and Kauffman, R. "A Case for Using Real Options Pricing Analysis to Evaluate Information Technology Project Investments", 1999 (http://sominfo.syr.edu/facstaff/mbenaroc/resume/PAPERS/OPM-ISR/WWW-PAPR.html) *Information Systems Research*, pp.70-86

Brynjolfsson, E. *Intangible Assets* (Masachussets: MIT Press, 2004)(CSK訳 (2004)『インタンジブル・アセット「IT投資と生産性」相関の原理』ダイヤモンド社)

Chalasani P. and S. Jha (1998) "An Options Approach to Software Prototyping" (http://www.ri.cmu.edu/pub_files/pub1/chalasani_prasad_1998_4/chalasani_prasad_1998_4.pdf)

Clayton M Christensen (2000), *The Innovators Dilemma When New Technologies Cause Great Firms to Fail* (Boston; Harvard Business School)(伊豆原弓訳 (2001)『増補改訂版 イノベーションのジレンマ 技術革新が巨大企業を滅ぼすとき』翔泳社)

Copeland, T., and Antikarov, V., *Real Options a practitioner's guide* (New York: Texere, 2001)(栃本克之訳 (2002)『リアル・オプション 戦略フレキシビリティと経営意思決定』東洋経済新報社)

Dixit, A. K. and Pindyck, R. S. *Investment Under Uncertainty* (Princeton: Princeton University Press, 1994)(川口有一朗他訳 (2002)『投資決定理論とリアルオプション』エコノミスト社)

Harvard Business Review Editing, *The Balanced Scorecard at Sears: A Compelling Place for Feedback and Learning* (Boston: Harvard Business School Press, 2000)(野口みどり訳 (2000)「BSC成功企業10社の実践プロセス「シアーズ・ローバック」」『DIAMONDハーバード・ビジネス・レビュー 28巻8号』ダイヤモンド社)

Hoel, P. G., *Introduction to Mathematical Statistics* (New York: John Wiley &

Sons, 1971）（浅井晃・村上正康訳（1978）『入門数理統計学』培風館）

Kaplan, R. and Norton., D., *The Balanced Score Card: Translating Strategy into Action* (Boston: Harvard Business School Press, 1996)（吉川武男訳（1997）『バランス・スコアカード―新しい経営指標による企業変革―』生産性出版）

――――――――――――――, *The Strategy-Focused Organization: How Balanced Score Card Companies Thrive in the New Business Environment* (Boston: Harvard Business School Press, 2001)（櫻井通春監訳（2001）『戦略バランスト・スコアカード』東洋経済新報社）

――――――――――――――, *Strategy Maps* (Boston: Harvard Business School Press, 2004)（櫻井通春他監訳（2005）『戦略マップ』ランダムハウス講談社）

Kumar, R "Understanding the Value of Information Technology Enabled Responsiveness", 1997, *The Electronic Journal of Information Systems Evaluation* (http://www.ejise.com/volume-1/volume1-issue1/issue1-art1.htm)

Moore, William T. *Real Options and Option Embedded Securities* (New York: Wiley & Sons, 2001)（加藤敦訳（2003）『リアルオプションと金融デリバティブ』エコノミスト社）

Mun, Johnathan C. *Real Options Analysis* (New York: Wiley & Sons, 2002)（川口有一郎・構造計画研究所訳（2003）『実践　リアルオプションのすべて』ダイヤモンド社）

Norton, David P., *Building Strategy Maps* (Boston: Harvard Business School Press, 2001)（堀美波訳（2001）「戦略マップの実践ガイド」）『DIAMONDハーバード・ビジネス・レビュー 28巻8号』ダイヤモンド社）

Nils-Goran Olve, Jan Roy & Magnus Wetter, *PERFORMANCE DRIVERS, 1999*（吉川武男訳（2006）『戦略的バランストスコアカード』生産性出版）

Parker, M. M. and Benson, R. J. *Information Strategy and Economics*, NJ, Prentice Hall, 1990

Pindyck, Robert S. *Investment of Uncertain Cost: An Application to the Construction of Nuclear Power Plants* "Real Options and Investment Under Uncertainty", London, The MIT Press, 2001, pp.733-742

Richard W.Katz and Allan H.Murphy, *Economic Value of Weather and Climate Forecasts*, Cambridge University Press, 1997

Robert C.Merton（2017）, *Finance Science and Financial Innovation in Asset Management Trust as the Innovation-Implementation Model for a Sustaina-*

ble *Financial-Service Industry in the Future*, Nippon Finance Association Symposium, pp.11-13.

Schwartz Eduardo. S. and Carlos Zozaya-Gorostiza "Valuation of Information Technology Investments as Real Options" 2000 (http://papers.ssrn.com/sol3/papers.cfm?abstract_id=246576)

Slywotzky, Adrian J. (2002), *the ART of PROFITABILITY*, Warner Books.

──────────────── & Morrison, David J. (2001), *The PROFIT ZONE*, Three River Press.

Smit, Han. T. J & Ankum, L. A. *A Real Options and Game-Theoretic Approach to Corporate Investment Strategy Under Competition*, "Financial Managenet" Autumn, Financial Management Association International, 1993, pp.241-250

Smit, Han. T. J & Trigeorgis L., *Strategic Investment Real Options and Games*, Princeton University Press, New Jersey, 2004

Trigeorgis L., *Real Options* (Cambridge: The MIT Press, 1996) (川口有一朗他訳 (2001)『リアルオプション』エコノミスト社)

von Neumann, J. and O.Morgenstern *Theory of Games and Economic Behavior*, Princeton University Press, 1944

Zimmerman, A. "MEASURING THE VALUE OF INVESTMENTS IN INFORMATION TECHNOLOGY" *Independent Study (D99) of Information Management in J. L. Kellogg Graduate School of Management, 1996*

著者略歴

青木　克人（あおき　かつと）
　1965年　福岡県北九州市に生まれる
　1990年　一橋大学経済学部卒業（経済学士）
　2004年　埼玉大学大学院経済科学研究科博士前期課程修了
　　　　　（修士（経済学））
　2007年　埼玉大学大学院経済科学研究科博士後期課程修了
　　　　　（博士（経済学））
　2013年　法政大学文学部地理学科3年次編入学

職　歴
　大手損害保険会社（10年）、外資系大手IT企業（6年）、大手銀行（11年）を経て、2017年4月より青木経済研究所主宰

所属学会等
　日本金融学会、証券経済学会、日本ファイナンス学会、日本保険・年金リスク学会、日本リアルオプション学会、経営情報学会、政策科学学会、日本気象学会、日本気象予報士会、日本地理学会

資　格
　高度情報処理技術者（ネットワークスペシャリスト）、宅地建物取引士、気象予報士他多数

本書へのご意見・ご感想・ご質問等は㈲時潮社まで郵送又は電子メールkikaku@jichosha.jpにて承ります。

[増補改訂] 情報システム化投資の定量評価
―Real Optionsで読み解くFinTech金融戦略論―

2019年12月25日　第1刷　　　定　価＝3000円＋税

著　者　青　木　克　人　Ⓒ
発行人　相　良　景　行
発行所　㈲　時　潮　社
　　　　〒174-0063　東京都板橋区前野町4-62-15
　　　　電　話　03-5915-9046
　　　　ＦＡＸ　03-5970-4030
　　　　郵便振替　00190-7-741179　時潮社
　　　　ＵＲＬ　http://www.jichosha.jp
印刷・相良整版印刷　　製本・仲佐製本

乱丁本・落丁本はお取り替えします。
ISBN978-4-7888-0736-5

時潮社の本

イノベーションと流通構造の国際的変化
業態開発戦略、商品開発戦略から情報化戦略への転換
蓼沼智行 著
Ａ５判・並製・280頁・定価2800円（税別）

国際的トレーサビリティ・システムの構築へ——イノベーションと構造変化の一般化を図り、流通のグローバル化と国際的トレーサビリティ・システムの新たな構築に向けた動きが内包する社会経済的影響と世界システムの変容への示唆を解明する。

証券化と住宅金融
―イギリスの経験―
簗田優 著
Ａ５判・上製・240頁・定価3200円（税別）

近代住宅政策の要諦たる住宅金融行政。それは現代における社会政策の骨格でもある。折からの信用不安の増大と金融バブルの中で、世界金融の中心地のひとつ、イギリスの住宅金融はどのような変貌を遂げたのか。リーマン・ショックの過程にも踏み込んで論考を重ねた、著者渾身の一冊！

コンピュータリテラシー
澁澤健太郎・山口翔 著
四六判・並製・204頁・定価2800円（税別）

情報社会の変化のスピードが加速し、利便性が増す一方、ネット犯罪などの問題も急増している。情報技術を正確に学び適切な使い方を知ることは、もはや必然のことである。本書はその目的のために必携の書である。

物流新時代とグローバル化
吉岡秀輝 著
Ａ５判・並製・176頁・定価2800円（税別）

グローバル化著しい現代、その要でもある物流＝海運・空運の変遷を時代の変化のなかに投影し、規制緩和と、9.11以降大きな問題となった物流におけるセキュリティ対策の実際を、米国を例にみる。